Feuerbach
160
55
1

Hermann Freudenberger

Großmutters Stuttgart-Geschichten

Hermann Freudenberger

Großmutters Stuttgart-Geschichten

Was sie wußte – wen sie kannte

DRW

ISBN 3-87181-258-7

Gestaltung: Peter Stecher
Satz und Druck:
Karl Weinbrenner & Söhne GmbH & Co., Leinfelden-Echterdingen

Bestellnummer: 258

Inhalt

Schaffer und Erfinder

Die Künstlergeschichten

Wirtinnen und Exzellenzen Millionäre und Tippelbrüder

Häuser und Straßen und immer wieder Namen

Die jüngeren Geschichten

Wer war Großmutter?

Großmutter war aus Ulm an der Donau. Geboren 1919. Sie lebte lange in Bremerhaven, war dort mit einem Journalisten verheiratet, und brachte zwei Töchter zur Welt. Sie kam 1970 als Witwe nach Stuttgart. Die Töchter waren aus dem Haus. Großmutter wollte nicht wieder heiraten. So begann sie Stuttgart auszukundschaften.

Es fing an mit Kleinigkeiten: Eng beschriebene Ansichtspostkarten um die Jahrhundertwende. Großmutter traute sich kaum, das Geschriebene zu lesen, weil es nicht für sie gedacht war. Aber: Alte Handschriften sind schön. Sie sehen aus wie aufgezeichneter Atem. Es sind Tonbänder, als es noch keine Tonbänder gab.

Oder „Fröhliche Weihnachten 1899". Ein Engel über der Stiftskirche und Vollmond. Oder die Starfotos der königlichen Familien in Spielkartengröße, kartoniert, mit Goldschnitt. Sozusagen der Hoffotograf als Juwelier. Oder ein Almanach zur Eröffnung des Hoftheaters. Die Sänger, die Schauspieler, die Publikumslieblinge. Damals nicht anders als heute.

Ein technischer Plan für den jetzigen Hauptbahnhof, schon 1906, acht Jahre vor Baubeginn, als Sonderbeilage des Schwäbischen Merkurs, mit jedem einzelnen Gleis. Es waren offenbar doppelt so viele Gleise geplant, wie es später dann wurden: Theorie und Praxis. Da hat sich nichts geändert.

Großmutter lernte: Spaß und Schwierigkeiten waren nie anders. Auf Geld ist kein Verlaß. Man hat es. Und hat es plötzlich nicht mehr. Die Mächtigen, die Bevorzugten, die Abgehängten. Die Feuermacher und die Besonnenen. Die Rituale und die Hackordnung. Vergangenheit bedeutete Großmutter privat nichts: Aber unser aller Vergangenheit, als Gemeinschaft, und woher wir kommen, und was wir davon immer noch in uns haben, das ist aufregend.

Seitdem hat Großmutter eigentlich nur ein Thema gesucht: Wer waren die Menschen vor uns? Wie sind sie mit ihrer Zeit zurechtgekommen: Auch wir wurden in eine Zeit hineingeboren, die wir uns nicht aussuchen konnten. Wir versuchen sie umzuhebeln, aber viel läßt sich da nicht umhebeln. Vielleicht ist es ein Gesetz der Natur, daß der Mensch sich gar nicht ändern soll. Immer wieder Feuerwerk und Manöver. Und noch immer Kain und Abel. Und wichtig sind nicht die, die das ändern wollen, sondern die, die das kapieren. Das sind die Friedlichen.

Großmutter ging gern in die Archive und in die Bibliotheken: Die Leute in den Bibliotheken wollen nichts verkaufen. Sie wollen bewahren. Auch das ist friedlich. Das Material wirkt sozusagen auf sie ein. Und es gehört zu ihrem Beruf, leise zu sein.

Oder der Lesesaal in der Landesbibliothek: Wenn man von dort aus dem Fenster guckt, sieht man das Oberlandesgericht. Das ist wieder ein anderes Haus. Im Gericht wird verurteilt oder freigesprochen. Dort gibt es Menschen, die abends wieder nachhause dürfen und Menschen, die zurück in die Zelle müssen. Auch das hat es immer gegeben. Man kann es in der Bibliothek nachlesen.

Großmutter schwärmte von den Lesetischen. Es sind nicht bloß Studenten. Was den Anblick so sympathisch macht: jemand, der liest, will es auch von andern wissen, nicht bloß von sich selber. Er sucht. Und er will finden.

Und: Wenn man von der anderen Seite aus dem Fenster guckt, sieht man das Theater. Das ist wieder ein anderes Haus. Dort lernt man: Wir alle sind komische oder tragische Figuren in einem von uns nicht erdachten Spiel. Oder man sieht den Landtag. Das ist wieder ein anderes Haus. Und je älter die Zeitungsbände, die Bücher und die Akten, desto matter raschelt das Papier. Es ist müde geworden, es staubt, und man muß husten. Bloß, wenn man immer wüßte, wo es steht.

Großmutter sammelte Merksätze wie andere Frauen Kochrezepte sammeln: Alles, was wir tun, hat Folgen. Und auch, was wir nicht tun; Nichts bleibt wie es ist; Neunundvierzig Teile Minus, einundfünfzig Teile Plus oder umgekehrt, wenn es schlimm kommt, Gottes weise Wildnis ; Je nachdem, wem wir begegnen; Du bist nicht allein, das gilt als Trost und als Verpflichtung. Und so weiter.

Das war nicht viel, aber damit kam sie zurecht.

Die frühen Geschichten

Die frühen Geschichten waren derbe Geschichten. Es waren Großmutters Stammesgeschichten. Es fing auch nicht mit den frühen Geschichten an. Großmutter entdeckte so eine frühe Geschichte immer mal wieder zwischendurch. Sie erzählte ihre Geschichten ohnehin nicht der Reihe nach, sondern kreuz und quer. Aber Großmutter lernte, je älter eine Geschichte, desto schicksalgeladener und moritatenhafter. Und weil man das ohnehnin nicht mehr nachprüfen kann. Es war harsches Leben. Es waren harsche Chronisten. Und jede Generation hat wahrscheinlich daran herumgefeilt. Wie schon vor 600 Jahren in der Bibel: Auge um Auge. Zahn um Zahn. Sogar zwischen Frau und Mann.

Graf Eberhard im Bart

Immer wieder anders und immer wieder gleich

Großmutters Lieblingsbuch war Dr. Karl Pfaffs „Geschichte der Stadt Stuttgart“, zwei Bände, zusammen 1074 Seiten; Stuttgart von seinen Anfängen bis 1845, immer wieder anders, immer wieder gleich, der beste Stuttgart-Krimi, den es je gab.

Stuttgart vor 500 Jahren (1492): Es gab mehr Bettler hier, als in irgendeiner der umliegenden Städte. Manche Leute schickten ihre Kinder bei Nacht auf die Gasse, um Almosen zu

sammeln, während sie hinterm Spiel und Wein lagen. So erfroren die armen Kleinen.

Vor 400 Jahren: Stuttgart und seine Umgebung blieben fortwährend der Versammlungsort der Bettler und Landstreicher; Schelmengesind, Dirnen, Reiter mit Weib und Kind, Boßler, Aussätzige, Lumpen, Landfahrer; wenn man sie zum einen Tor hinausführte, kamen sie zum anderen wieder herein.

Die jungen Stuttgarter anno 1600: Die jüngere Generation war ein verwildertes Geschlecht; mutlos, trotzig, unwissend; welches wohl die Laster, nicht aber auch die Tugenden seiner Vorfahren geerbt und dazu von den Fremden, welche das Land verheerten, noch neue Laster aufgenommen hatte.

„Stucharth“ um 1593 nach J. Sauter

Schöner wohnen, als Stuttgart Königsstadt wurde: „Die Lust zu bauen wurde über Erfordernis gesteigert und viele Familien verließen die unfreundlich gewordenen engen Räume, um erweiterte, heitere Gemächer in den wie durch Zauberschlag entstandenen neuen Straßen zu beziehen. Die neuen Wohnungen erzeugten das Bedürfnis neuer Gerätschaften und Einrichtungen und machten lüstern nach Bequemlichkeit."

Fast 30 Regenten mit den verschiedensten Temperamenten und Charakteren, mit denen man als Stuttgarter leben mußte. Wie der Regent, so meist die Sitten. Kriege, Zerstörungen, Seuchen, dann wieder Frieden, Feste, Neuerungen, Moden. Druck von außen, Alltag; politische, geistige, technische Umstürze.

Noch um 1500 hatten viele Häuser in der Altstadt Strohdächer. Die Feuerverordnungen waren lange Zeit wichtiger als die Kehrwoche.

Juli 1508: „Um die Vesperzeit im Heslacher Tal ein Wolkenbruch, daß das Wasser von einem Berg zum andern reichte." Der Torwächter am Hauptstätter Tor schloß das Stadttor und Heslach soff ab. 1594: Innerhalb von acht Monaten starben 2000 Stuttgarter an einer Seuche. Die Seuchen kamen meist mit den durchziehenden Soldaten und den Predigermönchen.

Es gab die Entwicklung der Turnierackerstadt. Als sie noch Vorstadt war, wohnten dort die armen Leute. Als die Stadtmauer um die Turnierackerstadt herum erweitert wurde, wurde es Bauland für die Reichen: Die lustigsten Straßen, die schönsten Häuser, die vermöglichsten Leute.

Die stärkste Landwirtschaft war der Weinbau. Es gab zwei Wengertergesellschaften: die alten Wengerter und die jungen Wengerter. Das Vieh wurde zum Weiden in den Wald getrieben oder nach Feuerbach, Degerloch, Birkach, Riedenberg und Sillenbuch. Und die wieder kriegten Stuttgarter Holz dafür. Sie gruben nach Gold, Erz, Kohle, Salz, aber es kam nur Wasser.

1660 trug man gepuderte Haare, dann kamen die Perücken auf und die Perückenmacher. Jetzt wurden die Friseure feindlich gegen die Perückenmacher. Immer wieder wurde ein Komet gesichtet oder zwei Sonnen oder drei Sonnen zugleich am Himmel.

1739: Der Aufwand bei Hochzeiten, Taufen und Leichen wurde immer größer. Die Pfarrer schimpften, die Hochzeitsleute kämen oft erst, wenn die Predigt schon begonnen hatte. Und die feinste Leiche war eine Nachtbeerdigung mit Fackeln und Laternen.

Es gab 1350 Juden. Graf Eberhard im Bart ließ sie in seinem Testament des Landes verweisen. Die Familie hatte im Durchschnitt vier bis fünf Kinder. Die ersten Taxis waren 1737 die Portechaisen oder Sänften. 1750: An Zerstreuungen und Vergnügungen fehlte es nicht; alle Tage gab's Gesellschaften, besonders von Frauen; darüber wurde die Kinderzucht wie die Haushaltung verabsäumt; Bälle wechselten mit Konzerten, üppige Gastmahle mit Landpartien. Man ließ auch im Familienkreis nicht leicht eine Gelegenheit vorüber, wo ein kleines Fest angebracht werden konnte.

Großmutter: Dies vorweg, damit wir wissen, woher wir kommen.

Trau keinem aus Franken

Großmutter erfuhr es von Frau Uschi Grotz und Herrn Bert Grotz aus Sillenbuch. Sie wieder wußten es aus der Müllheimer Rundschau: 250 Jahre nach dem ersten Sieg der Franken machte der fränkische König Pepin, der fortwährenden Quertreibereien und Verschwörungen der alemannischen Stammesherzöge müde, kurzen Prozeß mit dem alemannischen Adel. Auf dem Cannstatter Wasen oder während eines Gelages auf der Altenburg bei Cannstatt ließ er die alemannische Frühgeschichte kurzerhand fast vollständig ausrotten. Der genaue Hergang ist nicht überliefert.

Eine heiße Geschichte für Großmutter. Sie fragte herum. Sie erfuhr von Herrn Ulrich Karl Gohl aus Stuttgart Ost: „siehe Rudolf Kapff ‚Der Cannstatter Gerichtstag vom Jahr 746' in den ‚Blättern für Württembergische Kirchengeschichte'." Und sie erfuhr von Herrn E. Martin Schnabel, Degerloch: „siehe Wilhelm Seytter, ‚Unser Stuttgart', 1904, Kapitel 20 und 21". Den Aufsatz von Kapff fand Großmutter in der Landesbibliothek, das Buch von Seytter in der Stadtbücherei.

Kapff untersuchte die Verchristlichung unserer Vorfahren und fand heraus, daß der Gerichtstag in Cannstatt nichts mit Widerstand gegen das Christentum zu tun hatte; es sei politischer Widerstand gewesen. Die Schwaben mochten die Franken nicht. Es sei auch nur eine verhältnismäßig unbedeutende Anzahl von Adeligen dabei umgekommen.

Bei Seytter sind es klopfende Nacherzählungen. Kapitel 20: Gerichtsort war die Altenburger Höhe, beim Burgholzhof, am Stein genannt. Immer wieder hatten die Alemannen versucht, sich von der Frankenherrschaft freizumachen. Schon wollte ihnen dies gelingen, da ergriffen die Pipiniden die Regierung auf dem fränkischen Thron, und diese beugten die Alemannen aufs neue unter das alte Joch.

Karlmann als neuer König über Alemannien lud die schwäbischen Großen vor das Landgericht zu Cannstatt. Alle mußten kommen, denn nur unter dieser Bedingung hatte Karlmann die Schonung des niedergeschmetterten Volkes versprochen. Kapitel 21: Die Franken kamen mit großer Heeresmacht herangezogen. Herzog Teutbald blieb ruhig. Mit ihm alle Grafen und Edlen. Zu offenem Gericht waren sie gerufen. Was durfte es sie kümmern, daß die Franken kriegsbewehrt erschienen.

Plötzlich waren die Alemannen umzingelt und Karlmann rief: „Auf Franken! Faßt die Verräter!" Mitten im Kreis stand ein eichener Block, auf dem ein scharf geschliffenes Bleil blitzte; Herzog Teutbald sollte Gehorsam schwören. Der Herzog hob das Haupt und blickte festen Auges auf Karlmann: „Nie!“ Karlmann: „Teutbald von Alemannien! Du sollst sterben!“ Teutbald: „Fränkischer Tyrann! Nimm unser Leben! Wir bitten nicht um Gnade!“ Karlmann schwieg. Auf seinen Wink trat ein Mann in rotem Mantel zu dem Blocke und hob das Beil.

Ein Murmeln des Zornes drang aus dem Volkshaufen. Dann herrschte Todesstille. Man vernahm nur das Rauschen des Neckars und das Krächzen der Raben. Das Beil fiel. Alemanniens Freiheit war dahin. Und wer glauben Sie, hat das mit so viel Herzblut geschrieben: eine Frau, die Dichterin Luise Pichler.

Großmutter war erschrocken über das Standgericht von Cannstatt: Aber wer war Luise Pichler? So war es immer mit Großmutter.

Die Judengasse im Bohnenviertel

Großmutter hatte 1982 gelesen: Die Junge Union, Ortsverband Stuttgart Mitte/Ost, plädiert für die Wiedereinführung der ursprünglichen Bezeichnung der Brennerstraße, nämlich Judengasse. Sollte diese Umbenennung nicht möglich sein, werden wir für das Anbringen einer Gedenktafel mit entsprechendem Hinweis eintreten; denn auch diese Gasse ist ein Teil unserer Stadtgeschichte und sollte schon deshalb ihren historischen Namen tragen dürfen. Großmutter wollte das wissen mit der Judengasse.

Die Brennerstraße ist eine kleine Straße bei der Englischen Kirche. Sie heißt schon seit 1894 Brennerstraße, benannt nach einer früher dort ansässigen Familie Brenner. Von 1811 bis 1894 hieß die Brennerstraße Judenstraße, mit 40 Hausnummern. Und im Haus 12, zweiter Stock, wohnte ein Heinrich Brenner, ein Schuhmacher. Dann fand Großmutter ein älteres Straßenverzeichnis: bis 1811 hieß die Judenstraße Judengasse.

Den nächsten Hinweis fand Großmutter gewaltig zurück: Im Stuttgarter Zinsbuch von 1350 wird die Esslinger Vorstadt, später Bohnenviertel, zuerst angeführt mit einigen Häusern, der Judengasse und der Judenschule.

„Da nun kurz vorher, namentlich im Jahr 1349, in den schwäbischen Reichsstädten arge Verfolgungen über die Juden ergingen, so ist es sehr wahrscheinlich, daß sich viele derselben nach Stuttgart unter den Schutz des Grafen von Württemberg flüchteten, von denen dann hier Wohnplätze angewiesen wurden."

Großmutter: Juden auf der Flucht nach Stuttgart. Asylanten vor 600 Jahren. Und warum Verfolgung?

Das wieder fand Großmutter bei Hartmann: 1347–1349. Auch in Stuttgart wie in zahlreichen schwäbischen Städten, wendet sich der zur Wut gesteigerte Schmerz über die herrschende Hungersnot und Krankheit bei vielen gegen das wuchernde Volk, welches den Herrn getötet, und werden Juden verbrannt, weil sie die Brunnen vergiftet haben sollen.

Großmutter: Jetzt wurde es religiös und hysterisch, aber woher kam der zur Wut gesteigerte Schmerz? Auch das fand Großmutter: 1343. Überschwemmungen, zahlreiche Lufterscheinungen und Erdbeben, deren heftigstes 1348 ausbrach, in Süddeutschland 40 Tage lang forttobte, eine Menge von Häusern umstürzte und sehr viele Menschen tötete, waren die Vorboten der furchtbarsten aller Seuchen, die je auf Erden wütete.

Also 40 Tage Erdbeben. Davor schon 20 Jahre lang karge oder schlechte Ernten. Und jetzt kam die Seuche. „Sie brach 1346 in China aus, durchzog innerhalb von fünf Jahren die ganze damals bekannte Erde und soll gegen 40 Millionen Menschen weggerafft haben. Man nannte sie den schwarzen

Tod. Im Jahr 1348 erreichte diese Seuche Deutschland, verbreitete sich hier 1349 allgemein und hörte erst 1350 auf."

40 Millionen Tote. Vor 600 Jahren. „Die Seuche verschonte keinen Stand, kein Geschlecht und kein Lebensalter. Ganze Familien starben aus und ganze Ortschaften wurden durch sie verödet. In Stuttgart wütete sie weniger als in den damals freilich auch stärker bevölkerten, schwäbischen Reichsstädten. Als ihre Ursache gab man die Vergiftung der Brunnen durch die Juden an, welche daher schwere Verfolgungen zu erdulden hatten."

Großmutter: Und wir drehen heute bei Tschernobyl schon durch. Was sollte auf so einer Gedenktafel für die Judengasse im Bohnenviertel, die es nicht mehr gibt, draufstehen? Ich weiß es nicht.

Die glühende Rache der Gräfin

600 Jahre Gleichberechtigung, oder dies war eine der scharfen Geschichten von Großmutter: Die Rache der Gräfin. So ein richtig schöner Opernstoff, wie bei Wagner, Beethoven, Verdi oder Weber. Voll wühlender oder schluchzender Musik. Es begann in Stuttgart und endete in Jerusalem. Leider war Großmutter kein Komponist.

„Zur Zeit Graf Eberhards von Württemberg lebte auch ein junger Graf von Zollern, der Friedrich hieß". Friedrich war der Freund von Eberhard, „in Krieg und Frieden, in Lust und Ernst mit ihm verbunden; ein braver, geachteter Edelmann". Hören Sie die Musik? Und wie sie miteinander singen?

Das aber gefällt Eberhards Gattin nicht, der Gräfin Henriette, sie hegte ein glühendes Rachegefühl in der Brust gegen Friedrich. Henriette und Friedrich hassen sich.

Dann stirbt Eberhard: „Friedrich stand am Totenbett und hatte Eberhard, während eine schöne Träne seine männliche

Wange benetzte, die Augen zugedrückt". Jetzt sollte Friedrich Henriette dienen. Sie ließ ihn rufen, damit er ihre Befehle empfange. „Was?" schreit Friedrich aus sich hinaus, „glaubt sie denn, ich werde dem Folge leisten! Es wird kein Weib verschlingen mich!" Das schreit er auch noch mitten auf dem Schloßplatz.

„Er pfiff ein freudiges Reiterstückchen, ritt mit seinem Gefolge stolz durch Stuttgarts Gassen, und kam nach einem scharfen Ritt in fröhlicher Stimmung auf seiner Stammburg in Zollern an". Hören Sie die Musik?

Wandfresko, Hofmaler von Gegenbauer: „Henriette läßt Friedrich gefangennehmen" (1423)

Ein paar Tage später, Friedrich saß gerade bei einem Humpen vortrefflichen Weines im hohen Ahnensaale, kommt ein Reisiger aus Stuttgart, mit einem Fehdebrief von Henriette: „Auf dem Schloßplatz unserer Hofburg in Stuttgart habt Ihr meiner gespottet, Herr Graf; sprechend: Es wird kein Weib verschlingen mich! Ich aber tu Euch kund und zu wissen, daß ich Euer Gut, Euer Burg, Euer Land und Euch selbst zu verschlingen trachte; ich, ein schwaches und feiges Weib, die Gräfin von Württemberg“.

Friedrich spottete noch immer: „Verschlingen will sie mich! Nun, dann muß sie allerdings ein starke Eßlust haben!“ Hören Sie die Musik? Und die Arien der beiden? Knallhart.

Bald darauf rücken Truppen aus Stuttgart an. Und von der anderen Seite aus Ulm. Sie umzingeln und belagern Friedrichs Burg, bis seine Mannen zusammenbrechen. Jetzt ahnt er: Verschlungen hat sie mein Gut!

Bei einem Ausbruchsversuch wird Friedrich gefangengenommen: „Henriette trat dem Besiegten in glänzendem Schmuck entgegen. Aus ihren Augen blitzte maßlose Freude“. Das wäre die Arie des Abends.

Friedrich schmachtet im Turm: „Verschlungen hat sie auch meine Burg!“ Es geht ihm nicht gut. Durch eine eiserne Falltür wurde ihm täglich Brot und Wasser herniedergelassen.

Dann stirbt plötzlich Henriette. Friedrich ist frei: „Da lagen sie vor ihm – seine Auen und Wälder, grün und blühend wie ehemals“. Aber: „Sein Haar war grau geworden. Ein weißer Bart floß ihm bis zur Hüfte hinab. Verschlungen hat sie auch mein Leben!“

Er will nicht mehr auf seine Burg zurück, wo ihn seine Ahnen verfluchen würden. Er geht auf einen Kreuzzug. Nach Palästina. Und jetzt übertreibt er wieder: „Eine neue Lohe lodert in meinen Adern!“ Nach dem Sturm auf Jerusalem bricht er am Grab des Herrn zusammen: Den Tod im Antlitz. Und er murmelt noch: „Verschlungen hat sie nun auch mich“.

Das wäre Großmutters Oper gewesen. Und sie hat sehr bedauert, daß sie nur Klavierspielen gelernt hat.

Die Engelsköpfe am Schattenring

Großmutter suchte ein Denkmal: Engelsköpfe unter grünen Bäumen. Beim Schattenring. Dort starb vor 360 Jahren ein Bub. Sein Vater war Fabrikant und ließ ihm ein Denkmal setzen. Alles, was Großmutter wußte: an der Solitude-Rennstrecke oder am Kanal beim Pfaffensee. Sie spazierte am Pfaffensee entlang, am Neuen See entlang, weit und breit kein Denkmal. Es war Mai. Und Großmutter suchte einen Totenstein. Sie stand an der Straße nach Magstadt: „Also gehen wir vespern zum Katzenbacher Hof". Eine Dame kam vorbei, mit Hund: „Suchen Sie was?" Großmutter: „Bloß ein Denkmal". Die Dame zeigte über die Straße hinweg: „Dort steht es". So fand Großmutter das Denkmal.

„Schönes Denkmal", sagte Großmutter, „mit viel Text, aber fast alles in Lateinisch". Und Großmutter konnte kein Lateinisch.

Und wie die unbekannte Dame durch Zufall weiterhalf, so entdeckte Großmutter wenig später in einem antiquarischen Büchle, das sie Monate zuvor bei Steinkopf in der Marienstraße zum Spottpreis von acht Mark gekauft hatte, den lateinischen Text in Deutsch übersetzt, vom besten Lateiner Tübingens, von Professor Gustav Wais: „Stuttgarts Kunst- und Kulturdenkmale".

Der Fabrikant war aus Calw und hieß Christoph Demmler. Er kam von der Nördlinger Messe, am 10. Juni 1621. Er hatte seinen dreizehnjährigen Sohn Veit dabei, und der Bub starb an der Stelle, wo das Denkmal steht. Der Vater stiftete dem Armenkasten 200 Gulden und ließ das Denkmal errichten.

Er schildert den Schmerz eines Vaters. Der Vater redet den Sterbenden persönlich an: „Schwarze Nacht, und die Finsternis troff düster. Ach, was konnt' ich, der Eine, tun. Und wir sprachen die innigsten Gebete, bis der Röchelnde todesfahl

erblaßte. Da erlebte ich jenen Schock der Herzen, wenn des Todes stärkere Macht sie scheidet. Allüberall ist Tod. Allüberall ist Leben".

Und das wieder glich Großmutters Lieblingszeilen, 360 Jahre später aus einem Kinderbuch, fast aufs Wort: „Die Zeit vergeht, und vieles geht verloren. Das Leben vergeht und wird wiedergeboren. Tod ist Tod. Leben ist Leben. Du fragst warum, so ist es eben".

Der Stein steht seit 1621. Der Hoppenlaufriedhof wurde 1626 angelegt. Die unbekannte Dame meinte, bevor sie mit ihrem Hund verschwand: „Das waren Zeiten!" Und alles hätte so bitterschön ineinandergepaßt, wenn Großmutter hinterher nicht dauernd gefragt hätte: An was der Bub wohl gestorben ist? So war es immer mit Großmutter.

Die Eiserne Lady von Stuttgart

Großmutter kannte eine Geschichte: Über die Schlacht am Bopser, die es nie gab. Oder wer war General Mélac? Oder über Stuttgarts Eiserne Lady vor 300 Jahren. Es fing damit an, daß Herr Walter Tripps eine Gedenktafel am Bopser erwähnte mit der Aufschrift: „Hier haben schwäbische Kreistruppen 1688 die Hauptstadt vor Mélacs Überfall befreit." Die Tafel soll beim Einmarsch der Franzosen im April 1945 von den Franzosen entfernt worden sein. Sie blieb verschwunden.

Großmutter wollte das genauer wissen. Sie fand: 1688. Bei der Übergabe der Festung Asperg an die Franzosen zu Anfang Dezember wurde von ihnen zugesagt, daß Stuttgart von allen Winterquartieren, Forderungen und Erpressungen befreit bleiben sollte. Sie kamen aber doch. Plötzlich standen 2500 Mann auf dem Marktplatz. Mélac war zu der Zeit in Esslingen.

Und jetzt passierte das am Bopser. Einen Tag vor Weihnachten: „wurde Stuttgart in neuen Schrecken versetzt, als man auf dem sogenannten Bopser Soldaten sah und die Kavallerie in vollem Galopp der Stadt zueilte; denn man glaubte allgemein, dies seien wieder französische Truppen. Es waren aber nur aus Ungarn zurückgekommene schwäbische Kreisregimenter". Sie wurden am Bopser gesichtet. Mehr passierte dort nicht.

Die meisten Franzosen waren schon wieder weg, aber: weil noch viele, die sich verspätet hatten, in der Stadt waren, so wurden sie teils auf der Gasse, teils in den Häusern getötet und selbst die Verwundeten nicht verschont. Jetzt war Mélac nicht mehr in Esslingen, jetzt war er schon in Cannstatt: „Mélac bedrohte Stuttgart mit Einäscherung".

Großmutter fand in einem anderen Buch: Daß das keine leere Drohung war, haben die Beispiele von Hirsau, Freudenstadt und ungezählter Städte im Badischen gezeigt.

Und wieder woanders: Der Pfälzische Erbfolgekrieg von 1688 bis 1697, bei dem auch das Heidelberger Schloß zerstört wurde, verschonte auch das Herzogtum Württemberg nicht. Der französische König Ludwig XIV. nahm es nicht so genau, ebensowenig sein General Ezéchiel Graf von Mélac, der heute noch in Baden, in Württemberg, in der Pfalz und im Rheinland in böser Erinnerung ist („Mordbrenner Mélac"). Die Franzosen besetzten Stuttgart noch zweimal: vom 16. Juli bis 19. August 1693 und vom 13. Juni bis 2. November 1707.

Daß Stuttgart 1688 nicht angezündet wurde, verdankt es einer Frau: der Herzogin Magdalena Sibylla, Witwe des Herzogs Wilhelm Ludwig. Sie soll durch ihre Festigkeit imponiert haben. Der Oberhofprediger Hochstetter nannte sie eine Säule des Landes, da sie, wenn der Feind eingebrochen, als eine Mutter und Gluckhenne die Verlassenen unter ihre Flügel gesammelt. Und Wilhelm Kohlhaas („Das war Stuttgart") lobt sie: Die Herzogin hat auf ihrem schwierigen Platz vielleicht mehr ausgerichtet, als die sagenhaft tapferen Weiber von Schorndorf.

Großmutter: Also Stuttgart hatte auch schon mal eine Eiserne Lady. Vor 300 Jahren. Aber Großmutter war noch nicht zufrieden. Sie versuchte herauszufinden, wer diese Tafel am Bopser wann anbringen ließ. Sie erfuhr von Herrn Robert Lehrer, 84 Jahre alt, aus der Böheimstraße: „Gucken Sie mal in der Festschrift 50 Jahre Bürgerverein des südöstlichen Stadtteils 1875–1925 nach".

Großmutter fand auch die Festschrift: „Eine von der Herzogin Wera gestiftete Tafel an der hohen Stützmauer des Bopserwegs, überliefert in ehernen Buchstaben der Nachwelt, daß hier die Franzosen am 23. Dezember 1688 in einem Gefecht mit Stuttgarter Bürgern und schwäbischen Kreistruppen eine gründliche Niederlage erlitten, wodurch die Hauptstadt von Mélacs Überfall befreit wurde".

Großmutter mutmaßte: Die Tafel dürfte 1905 angebracht worden sein. Im selben Jahr wurde auch das Friedrich-List-Denkmal am Bopser enthüllt. Und Großmutter fand in Wilhelm Seytters „Unser Stuttgart“: Mélac rückte von Esslingen kommend durch Cannstatt und zog über die Prag ab. Von der Praghöhe aus sah er noch, wie die schwäbischen Truppen den Bopserberg nach Stuttgart hinunterstiegen.

Frau Agnes Ehrenspiel erzählte Großmutter, daß die Tafel wohl schon vor 1945 bei einer Metallsammlung abmontiert wurde. Und Frau Bertha Hörnle (87) aus Rottenburg wußte: „Der Franzoseneinfall 1688, ob mit oder ohne Schlacht am Bopser, war eine brenzlige Sache. Eine Frau als Stadtherrin oder vor 300 Jahren schon wie heute als Ministerpräsident, die den bewaffneten Feind just so weit hatte, daß er wieder abzog. Da stürmten vom Bopser her neue Kreistruppen in die Stadt und metzelten die französische Nachhut nieder, einen Tag vor dem Heiligen Abend. Das brachte Mélac in Wut. Die Herzogin stand mit ihren beiden Töchtern im Schloß und fürchtete, daß die feurige Lohe jeden Augenblick über die Stadt emporschlage.“ Jetzt wollte Großmutter wissen, wer die beiden Töchter von Herzogin Sibylla waren.

Die Auswandererzeit
oder Amerika als Verwandtenland

Großmutter: Europäer und Schwaben verlassen die alte Heimat. Aus religiösen, wirtschaftlichen und politischen Gründen. Drüben ist ein Land, das sie aufnimmt. Zurechtkommen müssen sie selber. Das geht nun schon fast 300 Jahre so. Sie wanderten aus. Sie wanderten auch wieder zurück. Aber die meisten blieben drüben.

1976 war die 200-Jahr-Feier anläßlich der Unabhängigkeitserklärung der Vereinigten Staaten von Amerika. Es fand eine Ausstellung statt im Forum für Kulturaustausch am Charlottenplatz. Großmutter brachte eine Broschüre mit heim: USA und Baden-Württemberg in ihren geschichtlichen Beziehungen. Großmutter surrte: Was für ein Thema!

Der Winter von 1708/09 verminderte in Süddeutschland die Rebbestände und trug neben den Folgen des Spanischen Erbfolgekriegs dazu bei, daß viele Schwaben auswanderten: „Im Jahr 1709 entschloß sich der verwitwete Bäcker Johann Konrad Weiser aus Großaspach bei Backnang mit acht Kindern zur Auswanderung. Er starb als Patriarch einer Schwabenkolonie. Und als sein ältester Sohn starb, sprach ein Indianer an seinem Grab: Ein unersetzlicher Verlust für uns Irokesen."

Oder: Im Gefolge der gescheiterten Revolution von 1848/49 gingen rund 500 000 Deutsche in die USA, darunter viele aus dem Südwesten. Die erste Siedlung in Ohio wurde durch den Separatisten Christian Waldschmidt aus Gengenbach/Schwarzwald gegründet. Er, der keine Kirchensteuer bezahlen wollte, hatte seine Papiermühle in Gengenbach verkauft, war 1785 mit 20 Familien ausgewandert, und brachte es in den USA zu einer neuen Papiermühle.

Oder: Ann Arbor in Michigan entstand durch Württemberger. Die ersten von ihnen kamen 1830 aus Dörfern bei Stuttgart. Großmutter: Ich möchte nie nach Amerika, aber ob es uns paßt oder nicht, Amerika ist Verwandtenland. Es hat vielen Schwaben und Stuttgartern die Chance gegeben, dort ein zweites Leben zu leben. Was dann der einzelne daraus gemacht hat, oder machen konnte, war sein Schicksal. Aber er durfte drüben nochmal würfeln. Hüben meist nicht mehr.

Ein Plattenhardter gründete Stuttgart in Arkansas

Großmutter: Es gibt mindestens sechsmal Stuttgart in der Welt. Erstens, unser Stuttgart als Landeshauptstadt Baden- Württembergs. Zweitens, ein Neu-Stuttgart in der Ukraine. Drittens, ein Studtgart in Polen. Viertens, ein Stutgarten in der Mark Brandenburg. Fünftens, ein Stuttgart in Kansas/USA. Das alles sind Flecken oder kleinere Gemeinden. Dann gibt es, sechstens, noch ein Stuttgart in Arkansas/USA. Mit immerhin 11 000 Einwohnern. Gegründet von einem Pfarrer aus Plattenhardt.

Er hieß Adam Bürkle. Geboren am 24. Januar 1823 in Plattenhardt. Sein Bruder war sieben Jahre jünger und hieß Martin.

Adam Bürkle aus Plattenhardt

Der Vater war Schmied und als Wetterprophet populär. Insgesamt waren es sechs Kinder. Adam und Martin hatten gemeinsam: Sie waren beide musikalisch, und sie waren beide die unruhigsten.

Adam wanderte mit 24 Jahren aus. Amtlicher Vermerk in Plattenhardt: „nach Amerika entwichen". Martin kam neun Jahre später nach: „nach Amerika durchgegangen". Er war Landjäger, und Gediente durften nicht ohne Genehmigung auswandern.

Martin, der nachkam, nahm eine Schwester mit, die inzwischen verwitwet war. Und die Witwe nahm ihre drei Kinder mit. Adam und Martin trafen sich nicht gleich in Amerika. Sie ließen sich beide als lutheranische Pfarrer ausbilden. Adam war der Typ mit dem breiten Gesicht. Martin war hager.

Stuttgart in Arkansas,
11 000 Einwohner, Reis und Wildenten

Adam suchte, seiner Gesundheit wegen, nach einer südlichen Gegend. Er nahm einen Freund mit. Sie fuhren bis Ohio mit der Eisenbahn und fanden 70 Kilometer weiter, in der Großen Prärie, einen Teich, umstellt mit Gummibäumen.

Sie kauften 11000 Morgen Land, schleusten 65 Siedler nach. Diese Gründerfamilien kamen mit sechs Eisenbahnwaggons, brachten Hausrat, Pferde und Vieh mit. Die Siedlung wurde zunächst Gummiteich genannt. Dann war ein Postamt fällig. Und mit dem Postamt möglichst ein Anschluß an die Eisenbahn. Dann war man ein anerkannter, ein zukunftsträchtiger Ort. Und der hieß von nun an Stuttgart. In Erinnerung an Adam Bürkles Heimat.

Bürgermeister wurde ein Engländer. 12 oder 14 Familien waren deutscher Herkunft. Was dann nachkam, waren meist Engländer und Nordstaatler. Es wurden zunächst Mais, Weizen Hafer und Kartoffeln gepflanzt. Mitten in der Prärie. Aber rasch entdeckten sie etwas anderes. Durch die Wassernähe entstand eine Art Dreifelderwirtschaft. Im ersten Jahr wurden die Felder überflutet, und sie handelten mit Fisch. Im zweiten Jahr wurde Reis angepflanzt. Im dritten Jahr wurden Reis und Sojabohnen angepflanzt. Heute ist Stuttgart/Arkansas ein bedeutender Reisort mit Reismühlen und Reissilos.

Die Wasserlandschaft lockt außerdem eine Menge Wildenten an. Und Entenjäger aus fast ganz Amerika. So wurden der Reiskarneval traditionell und die Entenjagd ab November. Es ist inzwischen die dritte Generation drüben. Kaum jemand spricht mehr Deutsch. Und die schwarze Bevölkerung nimmt zu.

Martin Bürkle tauchte verhältnismäßig spät in Stuttgart/Arkansas auf. Adam ging auf die Siebzig zu. Er starb 1896. Mit 73 Jahren. Martin machte 20 Jahre lang die Zeitung am Ort und schrieb schwäbische Mundartgeschichten. Er starb 1916. Mit 84 Jahren.

Die Herzogsgeschichten

Großmutter fand heraus: Über Carl Eugens Bauwut: Wenn der liebe Gott ihn hätte machen lassen, hätte sich Carl Eugen Schlößle für Schlößle von Stuttgart bis zum Bodensee durchgebaut.

Oder: Auch unser guter Schiller hat schon von sich selber abgeschrieben. „In deiner Brust sind deines Schicksals Sterne“ (Piccolomini); „Recht behält das Schicksal, denn das Herz in uns ist sein gebieterischer Vollzieher“ (Wallensteins Tod); „Der Zug des Herzens ist des Schicksals Stimme“ (Piccolomini); „Dein Schicksal ruht in deiner eignen Brust“ (Jungfrau von Orleans). Großmutter: Schiller hatte demnach eine feste Vorstellung vom Schicksal.

Oder Franziska von Hohenheim und ihr legendäres Dörfle, und wie ihre Schwägerin das später im Fasanenhof nach-
spielte. Eines mochte Groß-
mutter nicht aus dieser
Zeit, die Lust- jagden: Tiere,
die nicht schwimmen
können, durch einen
See scheu- chen, und
dann darauf schießen. So
war man bei Hofe.
Gnadenlos gegen Tiere
und kleine Leute.

Herzog Carl Eugen

Herzog Carl Eugen und seine Bauwut

Großmutter hatte es, handgeschrieben, in ihrem Zettelkasten: Carl Eugen (1728-1793), Herzog von Württemberg, Stuttgarts schwierigster und kreativster Regent. Er war Katholik im protestantischen Stuttgart. Und von einer ungeheueren Bauwut. Ließ, als er 18 war, das Neue Schloß bauen. Lebte und regierte dann aber in Ludwigsburg. Ließ Schloß Monrepos, Schloß Solitude, Schloß Hohenheim und Schloß Scharnhausen errichten. Gründete die Hohe Carlsschule, aus der 17 Minister und 33 Generale hervorgingen. Berühmtester Schüler Schiller. Herzog Carl Eugen war in zweiter Ehe verheiratet mit Franziska von Hohenheim.

Die Geschichte des Neuen Schloßes war für Großmutter aufregend: Ein sechzehnjähriger Bub wird Herzog von Württemberg. Zwei Jahre später läßt er das Neue Schloß bauen. Er hat kein Geld. Es ist ihm egal, wer das bezahlt. Es wird ein Schloß auf Pump. Und wenn der Achtzehnjährige als alter Mann sterben wird, ist das Schloß immer noch nicht fertig. Der Baumeister, ein Italiener, wird sich an dem Schloß zu Tode bauen. Dann brennt es zwischendurch. Der nächste Baumeister ist ein Franzose. Der Bau dauert insgesamt 60 Jahre.

Oder andersherum: 1746 legte Carl Eugen den Grundstein. Er holte sich den italienischen Baudirektor Leopoldo Matteo Retti, den Neffen des Ludwigsburger Hofbaumeisters. Es gibt eine Skizze vom damaligen Hotel de Ville in Paris. Danach ist der Gartenflügel entstanden. Retti starb mit 47. Sein Nachfolger wurde der Pariser Architekt Louis Philippe de la Guêpière. Er wieder übergab an R. F. Fischer.

Als Herzog Friedrich II. 1806 König wurde, ließ er die Räume durch Nikolaus von Thouret im Empirestil neu gestalten. Es waren 365 Räume. Jetzt residierten nacheinander drei Könige darin. Unser vierter und letzter König, Wilhelm II., wollte da nicht hinein. Er wohnte im Wilhelmspalais.

Großmutter: Nichts bleibt, wie es ist. Beinah wäre Herzog Carl Eugen noch König geworden. Er starb 13 Jahre zu früh. Und dann wurde das Neue Schloß Königsquartier.

Schloß Solitude war für Großmutter schon der weichere Carl Eugen. Solitude bedeutet Einsamkeit. Und es sollte zunächst eine Art Datscha werden an der Stelle, wo Carl Eugen während der Jagd immer rastete, beim Gewann fünf Eichen. Von dort konnte man nach Ludwigsburg hinübergucken, wo der Herzog residierte. Er wünschte sich „Stunden der Muße verleben können, von dem Getümmel und den Täuschungen der Welt sich erholend". Großmutter: So fing es immer bei ihm an. Bevor der Gaul wieder mit ihm durchging.

Es wurde ein Riesenprojekt. Und es fielen ihm die Umrisse von Schloß Sanssouci bei Potsdam ein, das seinem Ziehvater, dem Alten Fritz, gehörte. So wollte er leben. Carl Eugen war jetzt 35.

Über die Bauphasen gibt es verschiedene Daten. Die Akten darüber sind verlorengegangen. Die erste Bauphase soll 1763 bis 1767 gewesen sein. Rodungsarbeiten und Planierarbeiten im Akkord. 250 Hektar Wald mußten fallen. „Einige Companien Soldaten, einige hundert Bauern". Es waren Fronarbeiter aus Leonberg, Gerlingen, Weilimdorf und Botnang. Als Carl Eugen mit Schloß Solitude anfing, wurde gerade sein Schloß Monrepos in Ludwigsburg fertig. Großmutter: Er war ein Schlößlesfetischist.

Noch erste Bauphase: Kavaliersbau (später der Hotelflügel) und Officienbau. Im Kavaliersbau die Schloßkapelle als katholische Privatkapelle für den Herzog. Im Officienbau ein kleines Theater. Die Schloßkapelle gibt es noch. Das Theater nicht mehr.

Schloß Solitude vor 200 Jahren.
Gemälde von Friedrich Harper

Zwei Rossebändigerstatuen,
ähnlich wie später im unteren Schloßgarten

Immer noch erste Bauphase: Straßen nach Ludwigsburg und Stuttgart, 20 Kavaliershäusle. Das Schloß selber war 1767 im Rohbau fertig, auf einem massiven Sockel, das Obergeschoß in eichenem Fachwerk.

Die zweite Bauphase soll 1767 bis 1769 gewesen sein. Philippe de la Guêpière und sein Schüler Reinhard Ferdinand Heinrich Fischer, angeblich ein unehelicher Sohn des Herzogs, die schon am Neuen Schloß herumbauten, übernehmen die Bauleitung auf der Solitude: ein Marstall für 300 Pferde, ein Orangeriegarten für 1000 Bäume. Großmutter: Der Komfort kam nach.

Drei Kilometer südlich vom Schloß, am Bärensee, entsteht ein zweistöckiges Bärenschlößle, ein Bootshaus für Gondeln. Jagdpavillons werden gebaut und Wildgehege. Die dritte Bauphase soll 1770 bis 1775 gewesen sein. Die Militärische Pflanzenschule und spätere Carlsschule wird gegründet. Sie kommt zunächst in einem der Orangeriehäuser unter. Ein anderes Orangeriehaus wird evangelische Kirche; die spätere Eberhardskirche, die 1806 mit dem Marstall von der Solitude in die untere Königstraße umgesetzt wird. Als katholische Kirche.

Im Schloß entstehen die Innenräume. Um das Schloß herum gab es zunächst einen gepflasterten Hof mit zwei riesigen Rösserdenkmälern, ähnlich den späteren Rossebändigern von Hofer in den unteren Anlagen. Um die Schloßkuppel zwölf vergoldete Figuren mit Fürstentugenden. Auf der Kuppel noch keine Aussichtsplatte, sondern eine überlebensgroße Württembergia. Und: eine 13 Kilometer lange, schnurgerade Eilstraße von und nach Ludwigsburg, die kein Fußgänger betreten durfte; heute Basis für die Landvermessung oder der Vorläufer unserer Autobahnen. Großmutter: Alles schon mal dagewesen.

1775 ist Schloß Solitude fertig. Carl Eugen verlegt die Residenz von Ludwigsburg wieder nach Stuttgart. Bloß, die Solitude interessiert ihn überhaupt nicht mehr. Jetzt hat er Hohenheim entdeckt. Inzwischen hat er seine Franziska, sein Fränzele. Sie möchte in Hohenheim wohnen. Kein Theater mehr. Keine Festsäle mehr. Der Herzog wurde 50.

Großmutter: Bis der Gaul wieder mit ihm durchging. Die Carlsschule wird in die Innenstadt verlegt. Er läßt die Solitude ausschlachten. Alles, was nicht niet- und nagelfest ist, kommt nach Hohenheim. Die Bauphasen in Hohenheim beginnen. Großmutter: Wenn Carl Eugen gedurft und gekonnt hätte, hätte er sich Schlößle für Schlößle durchgebaut bis zum Bodensee.

Das Haus am Bärensee

„Das Bärenschlößle, das wir kennen", sagte Großmutter, „ist das dritte Bärenschlößle". Großmutter kam auf das Thema, weil die FDP-Stadträtin Ingrid Walz das Bärenschlößle ins Gespräch gebracht hatte: Ob man nicht das historische Vorbild nachbauen könnte. Dabei stellte sich dann heraus, daß es nacheinander zwei historische Vorbilder gab: eines, das die Stuttgarter noch bis zum letzten Krieg kannten, und eines, das 1817 schon wieder abgerissen worden war. Und von diesem ersten Bärenschlößle, vor 1817, gab es angeblich kein Bild. Großmutter suchte ein Jahr lang nach diesem Bild: Das gibt's doch nicht, daß es da kein Bild geben soll.

Großmutter kannte nur die Beschreibung: „Der Stuttgarter Baumeister Reinhard Ferdinand Heinrich Fischer, der in Venedig ein Casino nach Herzog Carl Eugens eigenem Geschmack baute, wurde auf die Solitude berufen. Er sollte auf der Höhe des ansteigenden Ufers einen Pavillon, das Haus am Bärensee erstellen. Dieses Schlößchen besichtigte der Herzog erstmals am 17. Mai 1768. Nach einem erhaltenen Grundriß bestand das Schlößchen aus einem ovalen zweistöckigen Bau, dem über der Ostseite des Erdgeschosses eine Terrasse vorgebaut war".

Im Erdgeschoß befand sich ein Saal („an den Wandungen mit historischer Mahlerey angestrichen"), ausgestattet mit einem venetianischen Kronleuchter und 16 geschnitzten Sesseln. Der obere Stock enthielt einen Salon mit zwei Kommoden, zwei Konsoltischen, großen und kleinen Trumeaux, reich mit Schnitzereien verziert.

„Die stuckverzierte Decke zeigte in vergoldetem Rahmen eine „Plafondmalerei" von Nicolas Guibal, Neptun darstellend. (Großmutter: Neptun am Bärensee!). Zwei Meerfräulein mit Girlanden bildeten neben dem Meeresgott den auf den See bezogenen Zimmerschmuck. Dieses ‚Haus am Bärensee' wurde nach rund 50jährigem Bestehen durch einen etwas größeren Jagdpavillon ersetzt, der vorher im Roten Tiergarten in Freudental bei Besigheim stand. Als ‚Bärenschlößle' der älteren Generation noch bestens in Erinnerung, wurde das Gebäude am 11./12. März 1943 durch Brandbomben zerstört".

Kaffeekanne mit dem Motiv des ersten Bärenschlößles, 1768 bis 1817 auf der Solitude

Schon, schon, aber damit hatte Großmutter immer noch kein Bild von diesem ersten Bärenschlößle: Die Gegend um den Bärensee war Carl Eugens Heimweh nach Venedig. Was er am Bärensee alles veranstaltet hat, ist wieder eine andere Geschichte.

Als Großmutter ein Jahr später mit der Landesbildstelle telefonierte, fragte sie zufällig auch nach dem Bärenschlößle. Doch, da gäbe es was. In Ludwigsburg stehe eine Kaffeekanne aus Porzellan mit dem Motiv des ersten Bärenschlößles. Da war Großmutter schon wieder hinter einem anderen Thema her: Wenn der Baumeister Fischer extra von Venedig zur Solitude beordert wurde, und er baute in Venedig ein Casino für Carl Eugen, wie sah dann das Casino in Venedig aus?

Carl Eugen und sein Fränzele

Auch das hatte Großmutter, handgeschrieben, in ihrem Zettelkasten: Franziska von Hohenheim. 1748 geboren bei Ellwangen. Die Mutter brachte 15 Kinder zur Welt. Fünf überlebten. Als Schloßfräulein vom Dorfschulmeister ausgebildet. Sechzehnjährig mit einem 20 Jahre älteren, bresthaften Baron verheiratet. Sechs Jahre später lernte sie Carl Eugen kennen. Oder er sie. Sie wurde seine Gespielin, seine Geliebte, seine Gemahlin. Er machte sie zur Reichsgräfin. Viel war das nicht, aber für sie und in Stuttgart war das viel. Als er starb, war sie 45. Sie lebte noch 18 Jahre als Witwe, geächtet und abgehängt, bei Kirchheim/Teck.

Großmutter hielt es lange Zeit für ein Getue der Pietisten, was diese Franziska mit ihrem Einfluß auf Carl Eugen gewesen sein und bewirkt haben soll: Nicht hohe Bildung, sondern ihr Wesen, anmutige Bescheidenheit, naive Frömmigkeit, natürliche Intelligenz, Lauterkeit. Großmutter: Das ist fast schon wieder modern.

Es gab Franziskas Dörfle in Hohenheim. Im dortigen Universitätsmuseum, im Spielhaus des Exotischen Gartens, steht unter einem riesigen Glaskasten ein Modell von diesem Dörfle. Carl Eugen schuf 1777–1793 „Englische Anlagen" beim Schloß Hohenheim. Den Plan dazu hat er selbst entworfen. Von Plieninger Bürgern erwarb er rund 70 Morgen Gelände. In diesem Park wurden im Laufe der Zeit etwa 60 Gebäude errichtet, die eine ländliche Siedlung darstellten, in den Trümmern einer untergegangenen römischen Stadt.

Es waren die ersten Ermüdungserscheinungen Carl Eugens. Er ging auf die Sechzig zu. Theater interessierte ihn nicht mehr. Die Jagd interessierte ihn nicht mehr. Kein turbulentes Hofleben mehr. Keine Amouren mehr. Er heiratete seine Franziska. Mit einer Sondergenehmigung vom Papst. Er ließ sich einen Garten der Träume bauen, den Franziska betreute.

Säulen, Kuppeln, Wasserfälle, ein römisches Gefängnis; ein Konzertsaal, unter einem Heuhaufen versteckt; ein Billardhaus, eine Moschee, eine Köhlerhütte, drei Säulen des donnernden Jupiters, Neros Grabmal, Katakomben, Kartausen, künstliche Felsen, griechische Tempel. Großmutter: Disneyland vor 200 Jahren.

Die Gebäude waren unbewohnt. Wenn Besuch kam, mußten die Carlsschüler und die Bevölkerung der umliegenden Dörfer in historischen Kostümen Komparserie spielen. Es war ein Hauch von Oberammergau. Dann starb der Herzog. Schloß Hohenheim war halb fertig. Die Fensterläden klapperten im Wind. Und kein Nachfolger wollte die Spielzeugstadt im Exotischen Garten haben. Eine gotische Kirche wurde nach Ludwigsburg versetzt. Sie steht dort heute noch, am See beim Schloß Monrepos.

Es gibt noch das Römische Wirtshaus, den Lieblingsplatz Franziskas in ihrem Dörfle. Hier machte Mörike 1831 Ferien und schrieb seinen „Maler Nolten". Heute ist es ein Lehrraum

Franziska von Hohenheim,
Carl Eugens Fränzele

der Universität. Es gibt neben dem Römischen Wirtshaus noch ein paar abgebrochene Säulen, die Ludwig Uhland zu seinem Gedicht „Des Sängers Fluch“ angeregt haben sollen. Und es gibt noch das Spielhaus mit dem Dörfle-Modell unter dem Glaskasten.

Großmutter: Der Rest ist verwittert und dann zerfallen, aber man steht vor dem Modell unter dem Glaskasten und zählt die Bäume. Die Straße nach Plieningen war eine Pappelallee. Hinter den Pappeln verlief nochmal eine Allee, mit Kastanien oder Nußbäumen. Nirgendwo gibt es so viele alte Nußbäume wie in Hohenheim. Die Bäume im Dörfle sind herrlich weitergewachsen. Viele davon hat Franziska pflanzen lassen. Bäume aus aller Welt. Sie war eine Frau. Bauen, das kann kaputtgehen. Pflanzen, das hält oft länger.

Und: Wenn es das Dörfle heute noch gäbe, würde es einen als Stuttgarter wahrscheinlich verlegen machen. Goethe damals: „Eine merkwürdige Einrichtung". Aber weil es das Dörfle nicht mehr gibt, ist man doch bißle traurig.

Und es gibt Franziskas Tagebuch, die Jahre 1780 bis 1795, in Franziskas spezieller schwäbischer Mundart. Sie schrieb so: „Ich wahr im Gronde gar niecht mit meinem Tag zufrieden"; oder „wir waren vergniegt"; „es war ein Anblieg, welcher alle Hertzen durchdrengen mußte"; oder: „am hämmelfahrtstag"; „alstann gengen sie in die mess ond ich nacher zu Birgach in die Kirch"; „ich raumbde biecher in meiner Kohlerhitte auf".

Es waren keine Schreibfehler, es waren „Empfendongen", die sich in immer anderer Schreibart ergaben. Sie frühstückt das ganze Buch hindurch: „frie gestigd", „gefrie gestiegdt", „Fristigg".

Sie beschreibt Alltäglichkeiten, Besuche, Reisen, Wetter, Ernte, Jahreszeiten, Krankheiten: „daß ich oft fast nicht schnaufen konnte".

Großmutter: Franziskas Tagebuch ist eines der sieben Bücher, die alles verraten über Vorzüge und Schwächen der Stuttgarter und Schwaben. In einem zauberhaft selbstgebastelten Schwäbisch.

Und: Man sollte mal für die heutigen Frauenrechtlerinnen alles auflisten, was es früher schon an undressierbaren Frauen in Stuttgart gab. Vor und nach Franziska. Und wie sie Sympathie erzeugten. Ohne „Hau den Lukas" gegen den Mann.

Der Carl-Eugen-See im Ramsbachtal

Das Ramsbachtal ist die Sonntagsspazierstrecke der Degerlocher. Der Stuttgarter Malerprofessor Alex Eckener hat dieses Ramsbachtal 1905 gemalt, offenbar mit einem Weiher, den es heute nicht mehr gibt. Und um diesen verschwundenen Weiher ging es nicht nur für Großmutter. Sie hatte gelesen, daß die Degerlocher wieder einen See oder Weiher im Ramsbachtal haben möchten, wie ihn Carl Eugen für sein Jagdfest 1763 anlegen ließ.

Der Stadtpfarrer Friedrich Keidel aus Degerloch beschrieb in seinem 1926 erschienenen Büchlein „Bilder aus Degerlochs Vergangenheit", wo der Carl-Eugen-See war: „Wenn man von Degerloch nach Süden wandert, das Ramsbachtal hinab gegen Birkach, kommt man nach einer schwachen halben Stunde an einen Platz, der im Volksmund Seebuckel heißt. Das ist ein ziemlich hoher, steil abfallender, quer durch das Tal gehender Damm, unverkennbar von Menschenhand angelegt, in der Mitte vom Ramsbach durchschnitten".

Großmutter hat diesen unverkennbaren Damm nie gefunden, aber sie fand Aufzeichnungen über das Jagdfest von 1763. Damals hieß das Ramsbachtal noch Hoftal: „Herzog Carl Eugen feierte am 11. Februar 1763 seinen 35. Geburtstag. Es wurde neun Tage lang gefeiert. Serenissimus waren im Oktober 1762 hier und ordneten einen See an, 700 Fuß lang, 300 Fuß breit, 20 Fuß tief".

Dann „mußten neben den Grabarbeiten eine Menge Baumaterialien von Stuttgart heraufgebracht werden; Stangen, Latten, Öfen, Fackeln, Roßdung vom Marstall, Palisaden, Reiswispel. Sechs Tage mußte ein Wagen im Wald fahren, um Moos zu sammeln".

Dann kamen von 14 württembergischen Oberforstämtern „große Kästen mit gefangenem Wild, 300 Hirsche und Rehe,

250 Schweine, 200 Füchse, 3000 Hasen, 700 Fasanen und Hühner, 600 Tauben und Enten".

„Diese ungeheure Menge Wild" mußte bis zum Jagdfest gefüttert und am Leben erhalten werden. Dann fror der See zu: „viel Brennmaterial zum Aufschmelzen". Inzwischen war es ein Festplatz: 300 dorische Säulen, Malereien und Jagdtrophäen, Gondeln mit Baldachinen, Galerien, Tribünen, 30 Pavillons mit Helmdächern.

Dann „strömte eine Menschenmenge von Stuttgart und aus den benachbarten Orten herbei, um dieses Schauspiel zu sehen". Zuvor nahm der Herzog mit seinen Gästen noch ein Jagdfrühstück ein.

Anschließend gab er Befehl, alles Wild auf den See zuzuscheuchen: „Das Ergötzen der Zuschauer wurde durch die Furcht oder Kühnheit der Tiere, durch ihre Bestürzung oder List unaufhörlich vermehrt oder erneuert. Es knallte Schuß auf Schuß. Wer da nichts getroffen hätte unter den Herrschaften, der hätte schon ein halber Idiot sein müssen. Nach Verfluß der Jagd mußten die Bauern aus den umliegenden Dörfern eine Menge toten Wildes, Jagdzeug, Zuber, Butten, Nachen, Tuche, Netze, Seile und viel Material wieder fortführen. Es war beträchtlicher Schaden entstanden. Der Herzog festete nach dem Degerlocher Lustjagen noch zwei Tage im Stuttgarter Akademiehof weiter.

Großmutter: Serenissimus waren Tierkreiszeichen Wassermann. Das sind Kobolde.

Der künstliche See und das Lustjagen im Ramsbachtal waren die Vorspiele zu dem Lustjagen am Bärensee, 1782, auf der Solitude, während Schiller aus Stuttgart floh.

Schäferspiele im Fasanenhof

Großmutter besaß einen Kupferstich von Nicolaus Heideloff: Der Fasanenhof vor etwa 200 Jahren als Lustgarten des Herzogs Friedrich Eugen und seiner Herzogin Friederike Dorothee Sophie. Dazu muß man wissen: Herzog Friedrich Eugen war ein Bruder von Herzog Carl Eugen, also war die Herzogin die Schwägerin der Franziska von Hohenheim. Carl Eugen starb 1793. Franziska zog sich zurück. Hohenheim zerbröselte. Dafür wurde 1796 der neue Lustgarten im Fasanenhof eröffnet. Der Herzog und die Herzogin baten zum Gartenfest.

Großmutter hatte das nachgelesen im Schwäbischen Merkur vom 22. Juni 1796: „Das erste Fest im neuen Garten". Es ging zu wie bei den Schäferspielen in Franziskas Dörfle, was jetzt die Schwägerin nachahmte. Der Herzog und die Herzogin fuhren vor, „sogleich brandete Musik auf". Zwei künstliche Seen. Auf einer Insel ein türkischer Tempel mit Minaretten. Der Garten hieß Floride.

„Links von der Insel hatte sich eine große Anzahl von Zuschauern versammelt. Am rechten Ufer sah man einen Schäfer mit einer Herde; die Hofdamen in weißen Gewändern, mit Kornblumen in den Haaren". Prinzessin Katherine fuhr mit ihren beiden Brüdern im Nachen auf die Insel und begrüßte ihren Großvater, den Herzog, mit französischen Versen.

Dem Kupferstich nach war das albern, denn die Seen waren winzig. Sie hätten auch über die Brücke gehen können. Aber das wieder war der Auftritt des Herzogs: „Auf der Brücke empfingen ihn Schäferinnen und führten ihn, indem sie Blumen vor ihm herstreuten, zum Tempel Floride. Und während Katherine den herzoglichen Großvater mit französischen Versen unterhielt, spielte der Schäfer am rechten Ufer auf seiner Schalmei".

Drei Jahre später wurde der Fasanenhof mit dem Lustgarten Floride an einen Advokaten Heigelin aus Stuttgart verkauft. Als Herr Heigelin starb, 1805, ging das 72 Morgen große Gelände an einen Förster Hammer. Herr Hammer machte Äcker und Wiesen daraus. Und eine Käserei. Dann wurde es eine Plantage für eine Zuckerrübenfabrik. Heute ist es eine Wohnstadt mit Hochhäusern. Großmutter strich mit dem Handrücken über den Kupferstich. Und erzählte weiter.

Schiller und Stuttgart: „Das Loch meiner Prüfungen"

Der Schillergedenkstein im Bopserwald bei der Dobelklinge ist ein Granitfels mit Bronzetafel: Das Denkmal wurde 1932 zur Erinnerung an die Erstaufführung der „Räuber" vor 150 Jahren in Mannheim errichtet. Es trägt die Inschrift: „Schiller's Räuber 1782–1932."

Die Uraufführung der „Räuber" war am 13. Januar 1782, abends um fünf: „Das Theater in Mannheim glich einem Irren-

Der Schillerstein im Bopserwald

haus; rollende Augen, geballte Fäuste, heisere Aufschreie; fremde Menschen fielen einander schluchzend in die Arme; Frauen wankten, einer Ohnmacht nahe, zur Tür".

Großmutter: Das ist der eine Bezug zu Schiller 1782. Und das ist dieser Stein. Es gibt aber noch einen anderen Bezug: Am 22. September 1782, spät in der Nacht, floh Schiller von Stuttgart nach Mannheim. Ein Schwabe wurde undressierbar. Schiller damals: „Meine Knochen haben mir im Vertrauen gesagt, daß sie nicht in Schwaben verfaulen werden". Stuttgart war für ihn „das Loch meiner Prüfungen". Er stieg aus, wie man heute sagt.

An den „Räubern" schrieb er seit 1777, also schon mit 18. Daher auch das (vage) Stuttgart-Datum: „Mai 1777, Spaziergang in den Bopserwald, bei dem Schiller sich, durch die Nachsicht des Hauptmanns begünstigt, mit seinen Freunden absonderte und ihnen aus den Räubern vorlas".

Mit zwölf wollte er Pfarrer werden. Mit dreizehn fing er an zu schreiben. Mit vierzehn wurde er Carlsschüler. Er mußte gehorchen. Auch gegen den Willen seiner Eltern. Der Herzog wollte es so. Schiller: „Der alte Herodes".

Schiller sollte Jura studieren. Er war in der Juristenklasse konsequent der Letzte. Dann mußte er Medizin studieren. Schiller: „Akademikerkerker". Er hatte beste Noten in Griechisch. Das paßte instinktiv zu seiner Seele. Er hatte gute Noten in Latein. Tanzen und Reiten: unbegabt. In Uniform sah er schrecklich aus. Aber Schiller als Eleve: „Er erkennt seine Fehler gern und gibt sich Mühe, sie zu verbessern".

Mit „gewitztem Haß und Geschmeidigkeit" errang er beim Schulabschluß vier Preise. Er wurde Medikus beim Versehrtenregiment Augé. In Stuttgart gab es die Redensart, wenn jemand Pech hatte: „Er dient bei Augé".

Immerhin hat dieser General Augé, nachdem Schiller geflohen war, ihm vier Eilbriefe hinterhergeschickt, Schiller solle zurückkommen, es passiere ihm nichts. Großmutter: Stellt euch einen General vor, der einem Deserteur vier Eilbriefe hinterherschickt. Das war Stuttgart vor 200 Jahren.

150 Schiller im Stuttgarter Adreßbuch

Großmutter wußte es: Es gibt 150 Stuttgarter mit Namen Schiller. Das müssen nicht alles Nachkommen des Stuttgarter Dichters sein, aber es sind auffallend viele Frauen und Leute mit praktischen Berufen: Gärtner, Fräser, Küchenhilfe, Kraftfahrer, Sekretärin, Näherin, Kosmetikerin, Optikermeister, Hausmeister, Konditor, Schlosser, Straßenbahnführer, Verkäufer, Putzfrau, Schuster, Programmierer.

Großmutter wußte auch, was der Liederkranz mit Schiller zu tun hat: Der Stuttgarter Liederkranz wurde 1824 gegründet. Er setzte sich sofort für ein Schiller-Denkmal ein, in Marbach oder in Stuttgart, und er nahm in seine Satzung auf: Jährlich, in der Zeit um Schillers Todestag, soll öffentlich ein Fest gefeiert werden, um den unsterblichen Genius zu ehren.

Das erste Schiller-Fest, mit Huldigungsumzug, war am 9. Mai 1825, zwanzig Jahre nach Schillers Tod und ein Jahr nach der Gründung des Liederkranzes. Der Liederkranz erfand die Schiller-Reden.

Dann kaufte der Liederkranz ein fünf Morgen großes Gelände vor dem Königstor, das den Namen Schiller-Feld erhielt. Dort sollte das Schiller-Denkmal hin. Es sollte von Thorvaldsen sein. Bertel von Thorvaldsen war Däne. Er verlangte kein Honorar. Aber, so Thorvaldsen: „Nicht auf dem ‚Schiller-Feld' zwischen Kraut und Rüben", sondern dort, wo es heute steht: „auf dem schönsten Platz Stuttgarts". Der Liederkranz verkaufte sein Schiller-Feld wieder.

Jetzt gab es Ärger mit Marbach, Schillers Geburtsstadt. Daraus wurde eine jahrelange, grimmige Fehde. Das Stuttgarter Schiller-Denkmal wurde 1839 enthüllt, das Marbacher Schiller-Denkmal 1876. In Stuttgart zog der zwölfjährige Schiller-Enkel an der Schnur und enthüllte. Die Festrede hielt der Dichter Gustav Schwab, Pfarrer aus Gomaringen. Mörike schrieb eine Kantate.

Und es gab wieder Ärger: Viele Stuttgarter waren über das Denkmal enttäuscht. Die ideal versunkene Denkerpose und der Mangel an Feuergeist, so sei Schiller nie gewesen. Schillers Sohn Karl rückte das zurecht: Doch, in dieser sinnenden Pose

Schillerdenkmal, Schillerplatz, Huldigung zu Schillers 100. Todestag. Großmutter: Jetzt war er nicht mehr tot, jetzt war er ein Heiliger

habe er den Vater oft gesehen. Dann erst war das Denkmal angenommen.

Marbach feiert den Geburtstag Schillers, 1759, jeweils am 10. November, was den Nachteil hat, daß es ein kalter Monat ist, aber die Marbacher haben etwas Hübsches erfunden. Die Schulkinder bewerfen das Denkmal mit Blumen.

Schillers Todestag, am 9. Mai, ist zwar ein trauriger Anlaß, aber nach fast 200 Jahren kaum mehr, und vor allem ist der Mai ein Blütenmonat. Eine riesige Huldigung fand am 9. Mai 1905 statt, zu Schillers 100. Todestag. Großmutter: Jetzt war er nicht mehr tot. Jetzt war er ein Heiliger. Es war ein Festzug mit 50 Gruppen. Und alle huldigten nacheinander vor dem Schiller-Denkmal, die Bäcker, die Metzger, die Glockengießer, die Friseure, die Haus- und Grundbesitzer, die Goldschmiede, die Turner, die Sänger, die Schüler.

Großmutter wußte auch, was es sonst noch an Schiller-Spuren in Stuttgart gibt: Zwei Schiller-Linden und eine Schiller-Eiche. Die Schiller-Eiche steht hinter dem Weißenburgpark. Von den Schiller-Linden steht eine in Degerloch, in der Nägelestraße, und eine auf der Wangener Höhe, als Aussichtspunkt.

Es gibt die Schiller-Straße in der Innenstadt und den Lengefeld-Weg in Weilimdorf, nach Schillers Frau Charlotte, geborene von Lengefeld. Schillers Eltern wohnten in einem Kavaliershäusle auf der Solitude. Bei der Solitude gibt es auch noch das Sanatorium Schiller-Höhe.

Längst schreiben die Stuttgarter alles zusammen, ohne Bindestrich, was bedeutet, es ist kein Eigenname mehr, sondern ein Begriff: Es gab eine Schillerstraße in Birkach, heute Trüffelweg; eine Schillerstraße in Plieningen, heute Windhalmweg; eine Schillerstraße in Stammheim, heute Sippelweg; eine Schillerstraße in Vaihingen, heute Haeberlinstraße.

In Vaihingen gibt es einen Schillergedenkstein: Vaihingen, Schillerplatz. Es gibt den Schillerbau, vis-à-vis vom Eberhardsbau. In Degerloch gibt es einen Schillerbrunnen, in der Jahnstraße, beim Friedhof. Es gibt einen Schillerhinweis, Eberhardstraße 63, neben dem Tagblatt-Turm: „Schillers Wohnstätte 1780–1782“. Hier wohnte er bei der „verwitweten Hauptmännin Vischer“, der Laura seiner Gedichte. Und das wieder wußte Großmutter von Herrn Dr. Otto Borst, Professor für Landesgeschichte: „Diese verwitwete Hauptmännin Luise Dorothee Vischer, Schillers angeblich platonische Geliebte, war alles andere als platonisch. Sie war eine pfupferige Frau“.

Es gibt das Schillerstandbild in den oberen Anlagen, beim Großen Haus. Es gibt die Schillerloge am Herdweg, eine Schillerbüste im Besitz des Liederkranzes, eine Schillertafel als Überbleibsel der ehemaligen Carlsschule. Die Tafel hängt heute im Städtischen Lapidarium. Text Georg Schmückle. Sein Sohn war Nato-Offizier. Der Text: „Deutscher steh!/Neige in Ehrfurcht das Haupt/Hier hat Dein Genius einst an seine Sterne geglaubt/Gebreitet die rauschenden Schwingen weit/Zum Flug in die Unsterblichkeit“. Schillers Sohn und Familie liegen auf dem Fangelsbachfriedhof begraben.

Der Rathausplatz und der Rathausbrunnen mit dem 1588 erbauten ersten Rathaus als höchstem Gebäude

Die Königsgeschichten

Großmutter: Napoleon gewann die Schlacht bei Austerlitz, und die Stuttgarter kriegten ihre Schloßgärten, weil Napoleon die Schlacht bei Austerlitz gewann. Der erste König sorgte also zunächst einmal für viel Grün. Er wohnte in Scharnhausen, bevor er König wurde, mit einer Engländerin verheiratet. Beliebt war er nicht besonders.

Der zweite König gründete das Cannstatter Volksfest. Er war mit einer Russin verheiratet.

Unser dritter König wurde mit zweiundzwanzig General und war auch mit einer Russin verheiratet. Sie mochte Schnee nicht. Darum war unser dritter König ein Sommerkönig. Spätestens im November reisten die Majestäten in den Süden, nach Italien oder Südfrankreich, und kamen im Mai wieder.

Und ausgerechnet unseren vierten, beliebtesten König, den haben sie abgesetzt. Viel Königsglanz war es nicht. Stuttgart war der kleinste Hof Europas, mit vier Königen in etwas mehr als 100 Jahren.

Immerhin hatte Großmutter größeren Respekt vor Königen als vor Herzögen: Die Könige waren nicht so launisch, oder die Königshäuser waren ein anderes Geflecht untereinander, schon mit mehr Politik als die Herzöge, die noch Stammeshäuptlinge waren.

Mit den Schloßgärten fing es an

Großmutter wußte es auf ihre Art: Napoleon gewann die Schlacht bei Austerlitz, und die Stuttgarter kriegten ihren Schloßgarten, weil Napoleon die Schlacht bei Austerlitz gewann.

Die Württemberger waren damals Verbündete Napoleons. Sie halfen ihm siegen. Nach dem Frieden von Preußen wurde der Kurfürst Friedrich von Württemberg König. Großmutter: Württemberg wurde also Königreich. Stuttgart wurde Königsstadt. Das war 1806. Ein neuer König sorgt immer zunächst einmal für viel Grün. Großmutter erzählte die Geschichte der oberen, mittleren und unteren Anlagen. Und deren Bezugspersonen.

Napoleon machte weiterhin Krieg. Der König von Württemberg baute seine Residenz aus. Chefarchitekt und Stadtplaner war der Hofbaumeister Nikolaus Friedrich von Thouret. Er beendete den Bau des Neuen Schloßes, auch etwa zu der Zeit, er baute den Kursaal in Cannstatt, die Eberhardskirche und die untere Königstraße. Von Thouret stammen mehrere Brunnen in Stuttgart, oder zumindest die Brunnenstöcke. Großmutter: Er konnte sehr verspielt sein.

Sein Gartenbaumeister war der Oberhofgärtner Höllwarth. Es wurden 1000 Linden aus Ludwigsburg gepflanzt, 1000 Kastanienbäume aus Hohenheim und von der Solitude, und 50 000 „junge Setzhölzer". 1808 ließ der König bekanntgeben, daß er den Stuttgartern erlaube, die Anlagen zu Promenaden sowohl zu Fuß als auch im Wagen und zu Pferd zu benutzen.

Der erste König ließ auch noch die Platanenallee in den unteren Anlagen pflanzen: „In schnurgerader Linie, die genau auf den Turm der Cannstatter Stadtkirche zielte, wurde ein

Die Platanenallee in den unteren Anlagen mit der Hoferschen Pferdegruppe

breiter Weg ausgestockt und 1811 bis 1812 eine dreifache Platanenallee gepflanzt. 100 Gefangene mußten nachträglich zu beiden Seiten der Allee je acht Fuß breite, mit Rosenhecken eingefaßte Fußwege anlegen".

Dann kam der zweite König, Wilhelm I., er regierte fast 50 Jahre und war der Cannstatt-Fan. Er übersprang sozusagen die oberen, mittleren und unteren Anlagen, und ließ auf dem Rosensteinhügel weitergärtnern. Apropos Platanenallee: Als die Hofersche Pferdegruppe dazukam (Spötter behaupteten lange, Hofer habe sich als Bildhauer das Leben genommen, weil er bei den beiden Pferden am Eingang zum unteren Schloßgarten die Zungen vergaß), 1847 also waren die Platanen noch Babybäumle. Heute sind es Dinosaurier.

Großmutter wußte auch: Wilhelm I. fragte einen Stuttgarter, wie ihm die Allee gefalle. Doch ja, schee sei sie, arg schee, saumäßig schee, aber wenn es Obstbäume wären, und keine Platanen, hätte der Herr König das ganze Jahr Most im Keller.

Der erste König ließ die Platanenallee zusätzlich noch mit Pappeln einfassen. Der zweite König ließ die 500 Pappeln wieder ausrupfen. Großmutter: Dahinter steckte vermutlich der neue Oberhofgärtner Bosch. Er hatte die Allee zwar selber gesetzt, für den ersten König noch, aber da war Bosch noch nicht Oberhofgärtner beim zweiten König. Als Oberhofgärtner und mit einem neuen König sieht man vieles anders.

Bosch wurde mit zunehmendem Alter so eigensinnig, daß ihn der zweite König in Pension schickte. Unter anderem wollte Bosch partout Professor in Hohenheim werden. Bosch war ein tüchtiger Mann. Sein Rosensteinpark wurde 1837 in der „Allgemeinen Deutschen Gartenzeitung“ sehr gelobt: „Was macht die Anlage so bewundernswert? Nicht ein buntes Gemisch von Gruppen, Wegen, Gebäuden und Denkmälern, wie in vielen Fürstengärten, sondern gerade das Gegenteil, der Stil der erhabensten Einfachheit ohne architektonische Ausschmückung“. Großmutter: Jetzt wollte Bosch erst recht Professor werden.

Es gab auf dem Rosensteinhügel noch einen anderen Undressierbaren: den Baumeister Giovanni Salucci, der Schloß Rosenstein baute. Er war Italiener, und er wurde jedesmal fuchsteufelswütend, wenn er nicht da war, und ein anderer rollte seine Baupläne auf und zeigte jemand vom Hofe die Baustelle. Das durfte nur Salucci, oder es gab Krach. Außerdem wollte Salucci vom König dauernd eine Uniform. Und der König gab ihm keine.

Als 1840 das Wilhelmatheater eröffnet wurde, gab man ein Stück, das den Stolz der Stuttgarter schilderte, vom Neuen Schloß bis Cannstatt durchspazieren zu können, durch die Gärten zweier Könige, aber der untere Schloßgarten blieb neben der Allee immer eine sumpfige Wiese. Und Großmutter war stolz darauf, es noch erleben zu dürfen, als die letzte Bundesgartenschau 1977 die Gärten der beiden Könige nahtlos zu einem neuen Grüngürtel zusammenschloß: Das bessere Stuttgart war früher. Das schönere Stuttgart ist heute. Auch wenn wir nicht immer mit allem zufrieden sind.

Der erste König war König Friedrich

Großmutter: Unser erster König war König Friedrich. Er war ein Herr mit einem Embonpointle und einer entsprechend weiten schönen Uniform, in der er aussah wie Carl Eugen als General. War er fast auch. Friedrich war der Neffe von Carl Eugen. Großmutter kannte auch das historische Prädikat des ersten Königs: Der zu Unrecht viel Geschmähte. Dieses Prädikat hatte Großmutter von Herrn Dr. Paul Sauer, dem Leiter des Stadtarchivs, der ein Buch über König Friedrich geschrieben hat: „Der schwäbische Zar".

Großmutter wußte auch von Professor Missenharter, der in seinem Buch „Herzöge, Bürger, Könige" diesen ersten König nicht sehr mochte. Und Professor Borst macht in seinem Buch „Stuttgart" einen freundlichen Bogen um diesen ersten König. Und Großmutter hielt sich auch zurück.

Friedrich war in erster Ehe mit der Prinzessin Auguste Karoline Friederike Luise von Braunschweig verheiratet. Mit ihr ging er nach Petersburg. Großmutter: Die Ehe soll so unmöglich gewesen sein, daß die Prinzessin von Braunschweig die Zarin Katharina die Große bat, man möge sie von diesem Menschen beschützen. Die Zarin ließ Friedrich aus dem Land weisen.

1797 heiratete Friedrich die Prinzessin Charlotte Auguste Mathilde von Großbritannien, die älteste Tochter des englischen Königs. Die Hochzeit fand in London statt. 1798 wurde Friedrich, 44 Jahre alt, Herzog von Württemberg. Er

Der erste König hieß Friedrich.
Großmutter: Es gibt eine württembergische Unterlippe, dick und sinnlich, mindestens seit Carl Eugen, die hatte auch unser erster König

schaffte sich ein Heer an, 7000 Mann, 700 Pferde, mischte in fremden Kriegen mit, und wohnte in Scharnhausen. So wußte es Großmutter: Mit seiner Königstochter aus London.

1803 wird er Kurfürst. 1806 wird er König. 10 Jahre später stirbt er an einer Erkältung, „nachdem er am 23. und 24. April 1816 in Cannstatt prähistorische Ausgrabungen besichtigte, erkrankte er an Katarrh und starb acht Tage vor seinem 62. Geburtstag und wenige Stunden vor der Geburt seiner Enkelin, Prinzessin Marie".

Großmutter kannte auch den Nachruf eines Ausländers für Stuttgarts ersten König: „Die Württemberger waren stolz darauf, daß ihr König Schlösser, Gärten, Hunde und Pferde hatte wie andere Könige; daß er alles durchführte, was er anfing; und daß er einer der besten Köpfe unter den Regenten seiner Zeit war".

Großmutter: Aber er hatte es wahrscheinlich am schwersten, weil er der erste war. Der zweite König kann es schon leichter.

Der zweite König war König Wilhelm I.

Großmutter: Unser zweiter König war König Wilhelm I., ein Herr mit hellen Haaren, mit einem strengen Amtsblick, und auch in Generalsaufmachung. Er war der Sohn des ersten Königs und der Stifter der Volksfeste. Also sozusagen „Väterchen Volksfest".

Und das wieder hing früher mit seinem Geburtstag zusammen: „... verfügte der König, daß alljährlich am Tag nach seinem Geburtstag auf dem Wasen ein Fest zu veranstalten sei". Sein Geburtstag war der 27. September (1781). Damals regierte Herzog Carl Eugen noch.

Und begraben liegt Wilhelm I. auf dem Rotenberg, in einem Doppelsarkophag aus carrarischem Marmor, zusammen mit seiner Frau Katharina Paulowna. In einem anderen Sarkophag liegt Prinzessin Marie, die wenige Stunden nach dem Tod des ersten Königs zur Welt kam. Die andere Tochter, Prinzessin Sophie, wurde Königin der Niederlande. Sie liegt in Delft bei Den Haag begraben.

Wilhelm I. war ein großer Freund von Cannstatt. Das fing mit einem fürchterlichen Hochwasser in Cannstatt an, als er gerade zwei Jahre König war. Er ließ sich „in die überschwemmte Stadt schiffen", verschenkte Brot und Geld, die Cannstatter waren gerührt: „verbinden damit die heißesten Wünsche für das allerhöchste Wohl des besten Königs".

Die Eltern: Der zweite König war Wilhelm I., der das Volksfest gründete, verheiratet mit der Zarenschwester Katharina Paulowna, die mit Dreißig an Gesichtsrose starb

Er machte Cannstatt zum Weltbad, wenn das auch nicht lange hielt. Regierungszeit: 1816 bis 1864, also fast 50 Jahre lang. In zweiter Ehe verheiratet mit Katharina Paulowna, der Schwester des Zaren, die mit 30 Jahren an Gesichtsrose starb. Er ließ für sie die Grabkapelle auf dem Rotenberg bauen. Er ließ überhaupt viel bauen: den ersten Bahnhof in Stuttgart, Schloß Rosenstein, das Wilhelmatheater und die Wilhelma, den Königsbau, den Cannstatter Kursaal, das Wilhelmspalais, zunächst für seine beiden Töchter. Zu seinem fünfundzwanzigjährigen Regierungsjubiläum entstand die Jubiläumssäule auf dem Schloßplatz.

Es gibt zwei Denkmäler: Wilhelm I. zu Pferd vor dem Kursaal in Bad Cannstatt (Halbig) und Wilhelm I. zu Pferd vor der Alten Staatsgalerie (Hofer). Er war ein leidenschaftlicher Reiter und Pferdezüchter. Daher auch zunächst die Pferderennen beim Volksfest.

Die Kinder: Prinzessin Sophie (links) und Prinzessin Marie. Sophie wurde später Königin der Niederlande. Marie und die Eltern sind auf dem Württemberg begraben

Das Volksfest wiederum hat er von den Münchnern abgekupfert: „Originell war der Gedanke nicht. Schon 1812, also sechs Jahre zuvor, war in München zur Erinnerung an die Kronprinzenhochzeit das Oktoberfest mit ganz ähnlichem Programm gegründet worden, nur mit dem Unterschied, daß im festesfreudigen Bayern von Anfang an eine Dauer von fünfzehn Tagen vorgesehen wurde, während im sparsamen Württemberg ursprünglich nur an einem einzigen Tag gefestet worden ist. Was für diesen einen Tag an Pavillons, Straßen und Tribünen schon im ersten Jahr gebaut und anderntags wieder abgetragen wurde, war immerhin erstaunlich".

Ein milder Herr soll Wilhelm I. nicht gewesen sein. Andere vergleichen seine weise, versöhnliche Regierung mit den Zeiten des Herzogs Christoph. Großmutter wußte auch etwas über Wilhelm I. von Dr. Rainer Wohlgemuth, Zahnarzt in Cannstatt. Er besitzt eine riesige Postkartensammlung und einen langen

Aufsatz: „Ein Franzose sieht das Stuttgart des 19. Jahrhunderts". Der Aufsatz ist ein Ausschnitt aus dem Buch „Voyage au pays des milliards" von Victor Tissot, 1888.

Tissot über Wilhelm I., den die Stuttgarter anno 1848 verjagen wollten: „Er ließ sich das nicht zweimal sagen, nahm seinen Hut und seinen Stock, stieg in den Schloßhof hinab und rief der aufrührerischen Menge zu: ‚Ihr wollt mich nicht mehr? Nun gut, macht deswegen nicht soviel Lärm! Ich gehe!' Er begab sich nach Ludwigsburg, wohin ihm auch umgehend die Gesandten, der Adel und die Fremden nachfolgten. Nach 14 Tagen schickten die Stuttgarter eine Deputation nach Ludwigsburg, um ihren König zu bitten, zurückzukehren".

Großmutter: Als Wilhelm I. immer älter wurde, wußten die Stuttgarter, was ihm bitter fehlte, seine Katharina. Er starb mit 83 Jahren auf Schloß Rosenstein mit dem königlichen Seufzer: „Es schmerzt sehr, von einem so schönen und guten Lande scheiden zu müssen".

Mit so einem Satz wollte Großmutter auch einmal sterben.

Der dritte König war König Karl

Mit zweiundzwanzig war er General. Mit dreiundzwanzig heiratete er die Lieblingstochter des russischen Kaisers, die Großfürstin Olga. Sie wohnten in der Villa Berg. Karl kam als Kronprinz am 6. März 1823 morgens um sechs zur Welt. Die Stuttgarter wurden mit 101 Salutschüssen geweckt: „Als die purpurne Sonnenscheibe durch den Nebel brach, beleuchtete sie fröhliche Gruppen von Bürgern, die sich händeschüttelnd beglückwünschten".

Großmutter: Im Alten Schloß in der Königsgruft ruhen König Karl von Württemberg und Königin Olga Nikolajewna. Es ist das winzigste Friedhöfle Stuttgarts. Noch winziger als das Solitude-Friedhöfle. Mitten in der Stadt.

König Karl und Königin Olga,
die Lieblingstochter des russischen Kaisers.
Großmutter: Sie liegen in der Königsgruft
unter dem Alten Schloß

Als Karl König wurde, war er 42 Jahre alt. Er regierte von 1864 bis zu seinem Tod, 1891. Er war Tierkreiszeichen Fisch, wie sein Nachfolger Wilhelm II. Unter König Karl wurde das Schulturnen eingeführt und die Mädchenschulen. Er galt als Mäzen der schönen Künste. Es war die Richard-Wagner-Zeit und die Zeit der Monumentalbauten.

Stuttgart hatte 126 000 Einwohner, davon 103 000 evangelische, 10 000 katholische und 3000 jüdische. Man hatte gehorsam und genügsam zu sein; man kannte nichts anderes; schaffen und beten, und die 70-Stunden-Woche. Die Sympathiefiguren waren das Rickele, das fleißig seine Kehrwoche macht, und der Schutzmann mit dem Pickelhelm, der das Rickele lobt.

Es gab 700 Wirtschaften, 600 Lebensmittelgeschäfte, je 500 Ärzte und Schneiderinnen, 400 Schuster. Es waren Handwerker und Einzelhändler: Bäcker und Metzger, Holz- und Kohlenhändler, Flaschenbier und Milch; Bekleidung, Wohnen, Schulbedarf; Schlosser, Gipser, Maler, Friseure; aber auch schon 200 Buchhändler, 100 Goldschmiede und Juweliere; 100 Musiklehrer für Pianoforte, Orgel, Zither, Gesang; 80 Banken, 70 Hebammen, 60 Rechtsanwälte. Was damals der Gaslaternenanzünder war, ist heute der Ampelputzer.

Stuttgart befand sich im Aufschwung. Deutschland hatte den Krieg 1870/71 gegen Frankreich gewonnen. Frankreich mußte bezahlen. Der öffentliche Wohlstand begann. Die Zahnradbahn, 1884 eröffnet, war eines dieser Wohlstandprojekte, ferngeschlossen mit Esslingen und den Fildern, als quasi erster Verkehrsverbund.

Es wurde ungeheuer viel gebaut: Krankenhäuser, Schulen, Universitätsgebäude, Museen, Theater, Büchereien, Fabriken, Villen, Mietshäuser. Der Stuttgarter Westen wurde erschlossen. Versicherungen kamen auf: Leben, Hagel, Transport, Unfall, Hausrat, Fensterglas und Spiegel. Und es wurde damals schon gefeiert: Eine Flut von Schützenfesten, Turnerfesten, Sängerfesten, Kriegerfesten.

Und natürlich wußte Victor Tissot („Ein Franzose sieht das Stuttgart des 19. Jahrhunderts") auch einiges über König Karl. Etwa: „Wenn die Stuttgarter gut gelaunt waren, nannten sie ihn ‚Olgus', denn der wahre König ist die Königin. Sie liest die Berichte der Minister. Sie erteilt Befehle".

„Alles, was mit Politik zu tun hat, interessiert ihn nicht. Er knabbert Süßigkeiten, spielt Klavier oder trommelt mit den Fingerspitzen gegen die Fensterscheiben. Ein Hauptzeitvertreib für ihn ist es, den Schnitt seines Bartes zu verändern. Mal trägt er ihn lang, wie ein hebräischer Rechtsgelehrter, mal kurz, mal gar nicht".

„Der Traum eines jeden Württembergers ist nicht, Korporal zu werden, sondern Gastwirt. König Karl ist Besitzer von zwei Restaurants und einem Café. Der Besitz eines Wein- und Bierausschanks, eines Restaurants oder Hotels, eben einer Stätte, wo man trinken und essen kann, gilt hier als Zeichen des Ansehens und Vermögens. Der Besitzer des Hotels, in dem ich wohne, ist Staatsrat und Träger mehrer Orden. Er gibt Prinzen Kredit und ernährt die Generale".

Großmutter fand das zwar ein bißle infam, ausgerechnet von einem Franzosen: Aber sie hatten den Krieg verloren, und den Stuttgartern ging es gut unter König Karl. Er nutzte die Zeit nach 1870/71 auf seine Art. Immer im November verreiste er; nach Südfrankreich oder nach Florenz; und kam im Mai wieder.

Der vierte König war König Wilhelm II.

Großmutter: Als er König wurde, war er 43 Jahre alt. Er war unser vierter und letzter König, der liberalste, der beliebteste, der traurigste. Und auch noch Tierkreiszeichen Fisch. Und dann haben sie ihn 1918 abgesetzt.

Großmutter nannte den Prinzenbau am Schillerplatz: Hier wurde unser letzter König am 25. Februar 1848, abends um sieben geboren, als Prinz Wilhelm Karl Paul Heinrich Friedrich. 1848 war ein politisch unruhiges Jahr.

Und Großmutter nannte den Marienplatz. Der Stuttgarter Marienplatz wurde so benannt anläßlich der Verlobung des Prinzen Wilhelm von Württemberg, später König Wilhelm II., mit der Prinzessin Marie zu Waldeck und Pyrmont. Kennengelernt hatten sie sich im Urlaub in Tirol. Die Prinzessin war 19: „eine längere Leidenszeit hatte ihr Wesen vertieft". Der Prinz war 28; Dr. jur. geworden in Tübingen. Er wollte nur heiraten aus „wahrer Herzensneigung". Ein Jahr später haben sie dann geheiratet. In der Schloßkapelle in Arolsen.

König Wilhelm II. und Königin Charlotte

Sie wohnten zunächst in Stuttgart, im Kronprinzenpalais. Dort kam ein Mädele zur Welt: Pauline. Dann zogen sie nach Ludwigsburg. Dort kam ein Bub zur Welt, der bald darauf starb. Dann kam ein totes Kind zur Welt. Dann starb die Prinzessin, Wilhelms Frau, mit 25 Jahren.

Wilhelm, mit seiner kleinen Tochter Pauline, wollte nie wieder heiraten: „Ich bin zu glücklich gewesen, als daß ich mich durch eine Konvenienzheirat für den Rest meines Lebens unglücklich machen möchte. So viel kann selbst einem Prinzen nicht zugemutet werden. Ich will meinem Land nicht das Beispiel einer kalten, liebeleeren Ehe geben". 1886 heiratete er wieder. 1891 wurde er König.

Großmutter: Er ging oft zu Fuß mit seinen Spitzen durch die Stadt, und die Stuttgarter sagten „Grüß Gott, Herr König".

Er duldete Streiks und Kommunistenkongresse. Er haßte Paraden und Hofbälle. Er zeichnete Dienstmädchen und Krankenschwestern aus, nicht bloß Bankiers und Geheimräte. Von König Wilhelm I. haben wir drei Denkmäler. Von Wilhelm II. haben wir keines. Er ist der König ohne Denkmal. Dafür wieder ist er der meistfotografierte König. Es gibt im Wilhelmspalais, oberster Stock, ein schlichtes Foto; ein würdiger Herr mit Vatergesicht; das war er. Und auf dem Foto sieht er aus wie ein Nobelpreisträger.

Der König und die Alte Oper

Montag, 20. Januar 1902: „Der heutige Tag ist für immer in die Geschichte der schwäbischen Residenzstadt eingezeichnet. Das Hoftheater ist heute nacht zusammengebrannt". Sogar der Kritiker war traurig: „Die letzte Vorstellung in dem ehrwürdigen Hause, das das Zeitalter der Gasbeleuchtung überstanden hat, aber in der angeblich feuersicheren Ära der Elektrizität dem Brand zum Opfer fiel, war gestern abend Wagners ‚Meistersinger'. Wann und wo werden wir je die Nürnberger Festwiese wiedersehen?"

Zwei Monate nach dem Brand entstand ein Interimstheater. Es wurde noch im gleichen Jahr, am 12. Oktober 1902 eröffnet. Mit Wagners „Tannhäuser". Und jetzt kommt der Zufall mit dem Architekten: Ein Jahr vor dem Brand, 1901, hatte Max Littmann in München das Prinzregententheater erbaut. Noch vor Eröffnung des Interimstheaters nahm der Stuttgarter Generalintendant Edler Herr zu Putlitz Verbindung mit Littmann in München auf. Littmann arbeitete ab 1902 an einem Vorprojekt für ein Stuttgarter Doppelhaus. 1908 wurde ein Wettbewerb ausgeschrieben. Littmann gewann, gegen 23 andere.

Dahinter wieder steckte Wilhelm II., Stuttgarts vierter und letzter König. Er konnte als württembergischer Monarch kaum mehr Politik machen; die machte der Kaiser in Berlin; also wurde der König ein Förderer der Künste.

Er beschaffte den Bauplatz für die beiden Häuser, mitten in der Stadt, mitten im Grünen. Und er trieb das Geld zusammen, auf höchster Ebene: Krone, Staat, Stadt, Wirtschaft. Siebeneinhalb Millionen Mark. Die Hälfte davon bezahlten Freunde und Förderer. Wer als Fabrikant oder als Privatier spendete, kriegte einen Orden. Wer mehr spendete, wurde geadelt. Der Landtag wollte nur ein Haus. Der König wollte zwei Häuser.

Das Große Haus wurde am 14. September 1912 eröffnet: Goethes „Vorspiel auf dem Theater“, Schillers „Glocke“ und eine Szene aus „Demetrius“, ein eigens für den Tag geschriebenes Festspiel von Baron Konrad zu Putlitz, dem Bruder des Intendanten. Und: Die Nürnberger Festwiese aus Wagners „Meistersinger“. Nun hatte der Kritiker nach dem Brand vor zehn Jahren seine Festwiese wieder. Das Kleine Haus wurde am 15. September eröffnet, einen Tag später: „Die Ressourcesszene aus Freytags Journalisten, der dritte Akt aus ‚Figaros Hochzeit‘ “.

Und: „Während der Festvorstellung im Kleinen Haus veranstalteten die Sozialdemokraten einen Spaziergang durch den Schloßgarten gegen die teueren Fleischpreise“. Großmutter: Schon waren die Alternativen wieder da. Putlitz erhielt den Roten Adlerorden mit Brillanten.

Am 1. und 3. Oktober gastierte Caruso als Bajazzo. Am 2. Oktober war Uraufführung im Kleinen Haus: „Ariadne auf Naxos“ von Richard Strauss. Regie Max Reinhardt. Strauss dirigierte. Theatergipfel in Stuttgart.

Max von Schillings war der neue Mann der Oper: viel Wagner, viel Strauss; ab 1914 regelmäßig zu Ostern „Parsifal“; 1915 Schillings selber mit der Uraufführung seiner „Mona Lisa“. Humperdincks „Hänsel und Gretel“ gibt es seit fast 80 Jahren in Stuttgart.

Nach dem abgebrannten Hoftheater und dem Interimstheater das neue Große Haus

Die damaligen Erfolgsopern sind heute fast alle verblichen: Lortzings „Regina", Flotows „Indra", Gounods „Philemon und Baucis"; d'Alberts „Kain", „Abreise", „Flauto Solo"; Goldmarks „Heimchen am Herd", Schillings „Ingwelde", Kienzls „Kuhreigen" und „Evangelimann". Man verbrauchte Opern und Schauspiele wie heute Fernsehspiele. Überdauert haben „Hoffmanns Erzählungen", „Bohème", „Butterfly", „Tosca".

Mascagni kam häufiger nach Stuttgart und dirigierte Mascagni: „William Ratcliff", „Zanetto", „Silvano". Auch damals gab es eine Operngemeinde und Opernfans.

1918 war plötzlich der König weg: „Als ich von meiner Vaterstadt für immer schied, warf ich noch einen Blick auf die beiden Häuser". Putlitz war weg. Schillings war weg.

Großmutter: Pfitzners Liebe zu Stuttgart. Orffs Liebe zu Stuttgart, und seine Tochter als Sängerin. Die leichtsinnigen zwanziger Jahre. Die Ära Busch, der als Generalmusikdirektor nach Dresden ging. Er verabschiedete sich mit der „Fledermaus, rosenüberschüttet. Die rachsüchtigen dreißiger Jahre. Bloß noch Politik. Die Ära Schäfer, Wieland Wagner und Cranko. Der wechselnde Zeitgeschmack. Sternstunden und Reinfälle. Glanz und Kitsch. Jahreszahlen und Namen. Man weiß es beim Theater: Wir alle sind tragische oder komische Figuren in einem von uns nicht erdachten Spiel.

Großmutter wußte auch: Theater in Stuttgart war früher kein Vergnügen, sondern Bildung. Und Bildung war anstrengend. Die einzige Ausnahme war Joseph Hellmesberger, Professor und Operettenkomponist aus Wien. Er war Hoftheaterdirigent in Stuttgart, vor 80 Jahren, als das Hoftheater Stuttgart auch das Wilhelmatheater Cannstatt bespielte. Cannstatt war damals frisch eingemeindet. Von Professor Hellmesberger lief die Operette „Wenn die kleinen Veilchen blühen".

Im Wilhelmatheater gastierte 1906 eine schwedische Truppe mit Strindbergs „Totentanz". Das war damals sozusagen das Dritte Programm. Dann gab es wieder das „Weiße Rößl".

Im Staatstheater gab es sonntags meist Wagner; den „Ring" im Frühjahr und den „Ring" im Herbst. Das paßte zum Sonntag. Und Wagner hatte oft Überlängen. Wie heute noch. Er dauerte von nachmittags um fünf bis nachts um elf. Es war der Theatertag für auswärtige Besucher. Auf den handtuchgroßen Theaterzetteln stand, wann und wohin Züge anschließend zurückfuhren.

Wenn es sonntags nicht Wagner gab, gab es Schiller: Die Wallenstein-Trilogie, nachmittags um halb vier „Wallensteins Lager", um fünf „Piccolomini", abends um sieben „Wallensteins Tod". Dann war es ein gestählter Sonntag.

Es gab „Lumpacivagabundus", „Das Glöckchen des Eremiten", „Die Heimat" von Sudermann; immer mal wieder Hauptmann und immer mal wieder Anzengruber; Hauptmanns „Rose Bernd", Anzengrubers „Pfarrer von Kirchstein", Hauptmanns „Versunkene Glocke", Anzengrubers „Meineidbauer“, Hauptmanns „Elga“, Anzengrubers „Kreuzelschreiber“. Und alles zusammen in einer Spielzeit.

Hauptmann war Schlesier. Großmutter hat ihn 1942 in Wien noch erlebt: Im Theater der Josefsstadt, in irgendeiner Premiere mit Paula Wessely und Atilla Hörbiger, bevor er dann nicht mehr leben wollte und beim Einmarsch der Russen in seinem Häusle gestorben ist. Hauptmann war oft auch in Stuttgart.

Anzengruber war Österreicher. Großmutter: Mit Nickelbrille und einem wilden Vollbart. Es war das naturalistische Theater, das auch die Stuttgarter als Schwaben fesselte. Der König ließ alles spielen.

Wenn er Geburtstag hatte, Ende Februar, gab es etwas Feineres: Glucks „Orpheus“. Geschlossene Vorstellung. Am Sonntag gab es dann wieder Wagner: „Walküre“, von sechs Uhr abends bis elf Uhr nachts. Am Montag gab es Hauptmanns „Biberpelz“. Am Dienstag Anzengrubers „G’wissenswurm“.

„Pariser Kokotten“ im Residenztheater

Dezember 1911. Das Residenztheater, Heusteigstraße 105, brachte zu Weihnachten das Stück „Pariser Kokotten“ von Victorien Sardou heraus. Es gab Ärger mit der Stadtdirektion. Der Titel wurde geändert. Die Premiere hieß, Weihnachten zuliebe: „Aus der Pariser Lebewelt“. Der Kritiker: „Man muß die Frage erheben, hat sich für die Weihnachtszeit kein anderer Stoff gefunden, der diesen schlüpferigen Titel hätte entbehren können?“

Dabei hatte sich das Residenztheater einigermaßen bemüht: Im Dezember liefen Goethes „Faust“ und Schillers „Maria Stuart“, „zu kleinen Preisen“ von zehn bis 75 Pfennig Eintritt. Am Sonntag vor Weihnachten wurden Schillers „Räuber“ gegeben. Am ersten Weihnachtsfeiertag standen nachmittags „Schneewittchen und die sieben Zwerge“ auf dem Programm, am zweiten Weihnachtsfeiertag nachmittags Kleists „Käthchen von Heilbronn“. Und jeweils abends wollte man die Stuttgarter mit dem „Pariser Sensationsschauspiel“ überraschen. Kontrasttheater.

Großmutter blätterte im „Schwäbischen Merkur“ nach: Stück und Aufführung wurden nie besprochen. Dagegen steht der Autor, Victorien Sardou, heute noch im Schauspielführer, geboren 1831 in Paris, gestorben 1908 eben da. Er war 1911 längst tot: „... schrieb an die 100 Bühnenstücke, brachte es zu europäischer Anerkennung, 1878 Mitglied der Académie Française; in seinen späteren Lebensjahren war er Besitzer eines Schloßes und Freund der Schauspielerin Sarah Bernhardt, für die er zahlreiche Rollen schrieb. Nach einem seiner Stücke entstand Puccinis ‚Tosca‘.“

Freilich, das Hoftheater gab zu Weihnachten den „Rosenkavalier“. Ausverkauft. Im Zirkusgebäude am Marienplatz gastierte Hagenbeck zu Weihnachten. Im Friedrichsbau gastierten die Schlierseer: „Der Aeroplaner vom Schliersee“. Vielleicht ging es auch gar nicht so sehr um die „Pariser Kokotten“, denn der „Schwäbische Merkur“ konnte zwei Dinge nicht leiden: Die Sozialdemokraten und das Residenztheater.

Das Residenztheater konnte spielen, was es wollte, es war selten gut: „Die Tugendresidenz“ von Jakoby, „ein Gefühl der Enttäuschung, das Stück dauerte bis kurz vor Mitternacht“. Oder „Der Detektivkönig“: „Herr Lindner spielte viel zu laut; charakteristisch ist, daß das Publikum zum Teil wie kalifornische Goldgräber während der Vorstellung Hut und Mütze auf dem Kopf behält“. Es schien ein verrufenes Haus zu sein. Die „Pariser Kokotten“ liefen noch bis in den Januar hinein. Zwei Monate später machte das Theater dicht.

Trotzdem, das Residenztheater gibt es heute noch. Es wurde umgebaut in eine Berufsschule. Als Großmutter mit Dr. Fried-

Das Residenztheater in der Heusteigstraße, zunächst eine Bierbrauerei, dann 1898 Apollotheater, 1901 Residenztheater, 1912 geschlossen, 1914 versteigert, dann Kino, 1918 wieder Theater, 1923 Zigarettenfabrik, 1934 Firma Bosch, heute Berufsschule

rich E. Vogt („Schwäbisch in Laut und Schrift“) dort spazieren ging, zeigte Herr Vogt auf ein Haus mit vielen Fenstern: Dies sei das alte Residenztheater. Der Bühnenmeister wohnte damals bei den Vogts als Untermieter, dadurch bekam Herr Vogt als Bub dauernd Freikarten.

Großmutter kriegte auch den Zeitzettel heraus: Am 1. Dezember 1898 als „Apollotheater“ eröffnet. Bauherr war ein Kaufmann Mayer, dem das Terrain gehörte. Zuvor war dort die

Kolbsche Bierbrauerei. Jetzt war es ein Variété und Operettentheater. Simsalabim.

„Eingerichtet in reichem Rokokostil“, jedoch: „Es hatte immer etwas Kaltes und Unbehagliches an sich“. Ein Theaterdirektor Theodor Brandt, bis dato Direktor des Kurtheaters beim Mineralbad Neuner, übernahm das „Apollo“ 1901 und taufte es um in „Residenztheater“.

Aber auch dieses Residenztheater, so die Chronik, „erwies sich immer wieder als zu abgelegen, sodaß das Haus im März 1912 geschlossen wurde (nach den „Pariser Kokotten“), und im Frühjahr 1914 zur Versteigerung kam. Es wurde von der Wüttembergischen Vereinsbank erworben, zeitweilig als Lichtspielpalast eingerichtet und im März 1917 ganz geschlossen.

Ein Haus und seine Geschichte, das macht Großmutter immer wieder fiebrig. Im Winter 1918 übernahm es nochmal der schon erwähnte Direktor Brandt. Jetzt war es das „Deutsche Theater“. Bis zur Inflation 1923, „wo das Gebäude an eine Zigarettenfabrik verkauft wurde“.

1934 kaufte es die Firma Bosch. Jetzt war es ein Fabrikle von Bosch. Großmutter wußte es auch von Oscar Heiler. Er war zur Zeit des Residenztheaters noch Schüler, wie Friedrich E. Vogt, aber dort habe Heiler Feuer gefangen, und das „Deutsche Theater“, ab 1918, sei sein „Fundament“ gewesen.

Emmy Sonnemann, später Frau von Hermann Göring, spielte dort als Anfängerin das Gretchen im „Faust“. Heiler erinnerte sich auch noch an die Stuttgarterin Maria Koppenhöfer.

Das wieder wußte Großmutter auch von Herrn Walter Koppenhöfer, mit Maria Koppenhöfer weder verwandt noch verschwägert. Herr Koppenhöfer: „Meine 96jährige Mutter schwärmte vor Jahren vom vermutlich ersten Auftreten der damals schon stark beachteten Maria Koppenhöfer. Sie gab anfangs der zwanziger Jahre im ‚Deutschen Theater‘ als Lady Macbeth ihr Debüt“.

„Maria Koppenhöfer, im Familienkreis ‚die Mi' genannt, geboren am 11. Dezember 1901 in Stuttgart, Olgastraße 41, zweiter Stock, in dem heute noch stehenden Eckhaus an der Charlottenstraße; Vater Franz Koppenhöfer, Hoteldirektor im Marquardt und im neuen Hauptbahnhof".

Und das wieder schrieb Professor Hermann Missenharter über Maria Koppenhöfer: „Die Eltern in Stuttgart schickten sie zweimal an den Bodensee, damit sie dort bei schwerer Landarbeit ihren Theaterspleen vergesse. Sie aber nahm Zuflucht bei Emmy Remolt und stand zwei Jahre später als Lady Macbeth auf der Bühne des ‚Deutschen Theaters' in Stuttgart".

„Falckenberg holte sie nach München, wo sie einmal in einem Stück nacheinander sämtliche Frauenrollen von der Zofe bis zur Königin spielte. Nach einem Jahr bei Hartung in Köln ging Maria Koppenhöfer zu Max Reinhardt und dann an das Staatstheater nach Berlin, wo sie in unzähligen Rollen den ganzen Spannungsbereich des Dramas von Shakespeare bis Barlach durchmaß".

Großmutter war wieder mal zufrieden, was sie durch die „Pariser Kokotten" von Victorien Sardou alles herausgefunden hatte: Zauberhaftes Stuttgart. Mit einem Sündenstück zu Weihnachten.

Cannstatt als Königsbad

Cannstatt und sein Mineralwasser waren für Großmutter etwas Geheimnisvolles: Es fing an wie in einer unserer vielen schwäbischen Sagen, in der Wichtelmänner einen riesigen Schatz in einer Höhle versteckt halten, bloß es war kein Gold und auch keine Sage. Sondern: Auf der Suche nach Kochsalz wurde 1773 durch Bergleute die Mineralquelle des Wilhelmsbrunnens im Sulzerrain erbohrt. Das Salz im Brunnen reichte für eine Salzgewinnung nicht aus, aber: Es brach eine außerordentlich starke Mineralquelle durch. Und wie Großmutter das sah: Da hat ein Apotheker mitgebohrt.

Die ganze Gegend war von Mineralquellen unterminiert. Das Terrain schien vulkanischer Natur zu sein. Oder nach Großmutter: Es war einmal eine kleine Mühle in einem Krautgarten, und daneben floß plötzlich Heilwasser. Wie sich manchmal ein alter Besenstiel über Nacht in einen Fliederbusch verwandelt. Zunächst war es noch ein bißle wie im Wilden Westen. Ein fürchterliches Gedränge von Leuten mit Krügen. Fuhrwerke, Pferde und Kurgäste. Und alles naß um den Brunnen herum.

Der Hofbaumeister Nikolaus Friedrich von Thouret erhielt Anweisungen, das in Ordnung zu bringen. Das Gelände wurde aufgekauft, die Mühle wurde abgebrochen und die Quellen neu gefaßt. Kies, Sand und Platten wurden herbeigefahren. Thouret ließ einen Pavillon mit Strohdach bauen. Der Müller wurde Brunnenwärter. Und ein Polizist namens Ruckhäberle verscheuchte die Bettler. Der Pavillon mit Strohdach war der Vorläufer des Kursaals.

1837 war der Kursaal fertig. Großmutter zitierte: Ein langgestreckter, einstockiger Saalbau, sechsundsechzig Meter lang, sieben Meter hoch, innen neunundvierzig Meter lang und zwölf Meter breit. Hauptsächlich gedacht für die Badegäste zum Promenieren bei unfreundlichem Wetter. Eine Wandelhalle.

Großmutter wußte noch aus alten Zeitungsausschnitten: Wer den Brunnen am Sulzerrain seit zwanzig Jahren nicht mehr gesehen hat, der findet sich in Cannstatt kaum mehr zurecht. Wie der österreichische Oberst Vauthier, der im Spätherbst 1836 den Kahlenstein vis-à-vis nicht mehr finden konnte. Wo vor zwanzig Jahren der Gesundbrunnen stand, und vor schnell einfallendem Regen nur die kleine Mühle Schutz gewähren konnte, steht nun ein stattlicher Kursaal zum Schutz gegen Sonne und Regen. Die Halle ist luftig und hell, und macht den Eindruck heiteren Ernstes.

Der Cannstatter Kursaal, als er noch eingezäunt war, oder ein Slogan von damals: „Der Stuttgarter kennt nichts Höheres als Cannstatt, dorthin rettet er sich vor der afrikanischen Hitze im Sommer“

Großmutter las gern vergilbte Texte vor, das paßte zu ihr, und das machte sie würdevoll. Beispielsweise über die Eröffnung des Kursaals: „… fand gestern abend ein überaus schönes Fest, in unserem, durch die Großmut seiner Majestät des Königs neu erbautem Kursaal statt. An vier Tafeln speiste eine Gesellschaft von 250 Personen. In einem Nebengemach spielte das Musikkorps des Garderegiments. Es wurden donnernde Vivats auf den König ausgebracht, auf das Wohl der Badegäste, auf die Behörden in Cannstatt und auf die das Fest verherrlichenden Damen“.

Es ging sehr locker zu: „Der Kaffee wurde hinter dem Gebäude an der Heilquelle eingenommen. Das rege, muntere Leben erinnerte in diesem Augenblick allgemein an Wiesbaden. Dann ging man, die Musik an der Spitze, paarweise über

Die Trinkhalle neben dem Kurhaus.
Großmutter: In Cannstatt kurten die feinen Leute aus ganz Europa

den Berg zum Wilhelmsbad, wo ein Ball, der bis nach Mitternacht währte, sich anschloß".

Es war die Zeit nach Napoleon. In ganz Europa herrschte ein neues Friedensgefühl. Man wollte sich erholen, genießen und glücklich sein. Alle Bäder waren überfüllt und rentierten sich glänzend.

Es gab jede Woche Gästelisten: Herr Jütt mit Dienerschaft aus Holland; Frau Elben aus Stuttgart; Herr Barnett mit Familie aus Bristol; Bankier Donner aus Altona; Herr Dr. Biber aus London; Herr Taumnau mit Gattin aus Königsberg; Fabrikant Legran mit Gattin und Kindern aus Basel; Konrad Wertmüller aus Zürich; Frau Buchhändler Osiander mit Fräulein

Tochter und Bedienung aus Tübingen; Frau Dr. Lang, Witwe mit zwei Kindern, aus Wien; Freiherr von Süßkind, Bankier aus Augsburg; Bierbrauer Linden aus Burgrieden; Gregor von Füßli aus Genf; Frau Payer aus Straßburg.

Justinus Kerner kurte mal in Berg, mal in Cannstatt. Ottilie Wildermuth besuchte ihn. Oder noch feiner: Die Gesandten von England, Frankreich und Rußland hatten ihre Sommerwohnungen in Cannstatt bezogen. Oder noch feiner: Der König hatte mehrere Wochen den Brunnen besucht.

Es waren Gäste aus England (Mister Sheel), Frankreich (Vicomte Vontenai), Rußland (Fürst Gortschakoff), Amerika (Miß Mabel), aus Württemberg, Bayern und Norddeutschland.

Oder wie Großmutter wußte: Prachtvolle Equipagen mit Damen ausgesuchter Toilette und elegante Reiter auf Rappen oder Schimmeln. Das wieder vermischte sich mit jungen Einheimischen: „Die lustige Welt der Modistinnen, der Ladenjungfern, der Polytechniker, der Militärs und der Residenzstutzer".

An Sonntagen und Feiertagen war es wuselig voll um den Kursaal herum. Es spielten die Königliche Hofkapelle und die Richtersche Musikkapelle aus Böhmen: Walzer, Märsche, Polkas. In Cannstatt war mehr los als in Stuttgart.

Großmutter las vor: „Am Sonntag ertönte nicht nur die gewöhnliche Morgenmusik, sondern auch noch eine zweite ladet ins Wilhelmsbad ein, wo sich eine große Menschenmenge zum Kaffee einfindet. Wer dem Geräusch die Schönheit und die Stille der Natur vorzieht, der geht zum Frühstücken in den weit angelegten Parkgarten, der mehr an den Nachmittagen und Abenden die Gesellschaft vereinigt". Irgendwo traf man sich dann immer wieder.

Nicht jeder mochte die rauhe Luft der Seebäder und die lange Reise dorthin. Cannstatt war mehr ein stilles, ländliches Bad: sanfte Linien, weinbestockte Hügel, smaragdene Wiesen-

So etwa sah Cannstatt aus, als aus dem Bäderort ein Industrieort wurde.
Das Bild ist eine Lithographie von Adam Gatternicht

Großmutter: Gutes altes Cannstatt,
Schloß Rosenstein, die Wilhelma, die Mineralbäder.
In Cannstatt wurde auch der Büstenhalter erfunden

teppiche, Licht, harmonische Farben, reine Luft. Dicht bei Stuttgart. Dicht bei Esslingen. Es gab damals schon hübsche Werbeslogans. Und Großmutter wußte sie noch: „Der Schwabe sehnt sich nach Stuttgart wie der Moslem nach Mekka". Und: „Der Stuttgarter kennt nichts Höheres als Cannstatt. Dorthin rettet er sich im Sommer vor der afrikanischen Hitze".

Man kurte gegen Gicht, Rheuma, Kreislaufstörungen, kaputte Nerven, Reizbarkeit, Krämpfe, gegen Herzbeschwerden, Magenleiden und Unfruchtbarkeit, oder vorbeugend für und gegen alles. Es war Edelurlaub. Die beste Zeit war Mai bis Oktober. Mindestens vier Wochen. Frühjahr und Herbst waren gut für korpulente Leute, die im Sommer zu sehr schwitzten. Der Sommer war gut für Blutarme und Schwächliche.

Trinken vom Brunnen. Großmutter wußte es, als sei sie dabeigewesen: Drei bis vier Becher täglich. Später sechs bis acht Becher täglich. Und dazwischen immer wieder spazierengehen. Die Bewegung des Körpers leitet vom Grübeln ab. Man trank Mineralwasser pur oder vermischt mit warmer Milch. Die Sulzerrainquelle war von einem Dr. Abele technisch so eingerichtet, daß Mineralwasser von kalt bis heiß zu haben war.

Dann gab es Molken, in der Meierei beim Rosenstein von einem Schweizer nach Schweizer Art zubereitet. Großmutter: Stellt euch vor, täglich frische Molke aus Appenzell in Cannstatt. Dann gab es Winterkuren. Großmutter: Cannstatt hat heute noch das Winterklima von Baden-Baden.

Großmutter zählte die empfohlenen Mahlzeiten auf: Leichte Mahlzeiten; Fleischbrühe, gebratenes Fleisch, junges Gemüse, Hecht und Forelle, Obst; im Frühsommer Erdbeeren, im Herbst Trauben. Verpönt waren: Aal, Ente, Gans, schweres Schweinefleisch und schwere Mehlspeisen, Hülsenfrüchte und Käse. Abends wurde à la Carte gegessen: Suppe, Compott, weißes Brot, leichte Weine oder gut gehopftes Bier.

Gebadet wurde in kleinen Drinnenbecken. 15 Grad. Wer es robuster haben wollte, ging auch mal im Neckar baden. Eine Gesellschaft hatte eine Neckarbadeanstalt mit Sprudel und Sturzbächen errichtet.

Schwimmen im Mineralwasser gab es zu der Zeit noch kaum. Ein Dr. Heine, Spezialist in Sehnenschnitten bei Verkrümmungen aller Art, hatte neben dem Kursaal einen Mineralwasserteich eingerichtet. 14 Grad im Freien. Er dachte damals schon über ein künstliches Wellenbad nach. Mittels Schaufelrädern.

Dr. Heine dachte überhaupt schon weiter, damals vor 150 Jahren: Schwimmen im Mineralwasser, oder eingepackt in Mineralwasserschlamm, habe ungeheuer mehr Wirkung als nur Trinkkuren. Der ganze Körper müsse es sein. Nicht bloß innen, sondern auch von außen. Der Wellenschlag sei ein unüberbietbarer Vorteil der Seebäder, aber den könne man auch mit Mineralwasser erreichen.

Großmutter wußte, was das Meer nicht hat: Die Kohlensäure auf der Oberfläche des Wassers, die man inhaliert. Es ist eine luftverdünnte Gasschicht. Und die gleiche Temperatur des Wassers wie im Seebad. Wunderbar kalt. Aber Cannstatt als Bad war Mörikeland.

Die gängigen Bäder damals in Süddeutschland waren: Cannstatt, Baden-Baden, Wildbad, Neustadt, Wimpfen, Rippoldsau, Rappenau, Rietenau, Boll, Sulz am Neckar, Sebastiansweiler, Überlingen, Teinach, Kissingen, Jagstfeld, Hall, Liebenzell, und Hechingen als Schwefelbad. Aber Cannstatt, so Großmutter, hatte den Glanz der Königsnähe. Es war „Erfolg und Behagen".

Im Kursaal waren Bälle, Konzerte, Liederabende, Dichterlesungen, Vorträge, Kongresse. Der Geheimrat Dr. Ferdinand Steinbeis, der geistige Vater des heutigen Design Center Stuttgart, machte im Kursaal seine ersten Ausstellungen mit industriellen Qualitätsprodukten, als es sein späteres Landesgewerbeamt noch gar nicht gab. Daimler kam nach Cannstatt und blieb hängen in Cannstatt, weil man dort nebenher kuren konnte.

Großmutter wußte: Mal kamen weniger Engländer als in früheren Jahren. Dafür kamen mehr Schweizer. Es gab damals schon Italienische Nächte mit bengalischer Beleuchtung in den Gärten. Und jeden Tag war Ausflug für die Badegäste: Spaziergänge von Schloß Rosenstein zum Neuen und zum Alten Schloß, oder zum damaligen Pragwirtshaus. Oder Kahnpartien nach Mühlhausen, mit Besichtigung der Veitskapelle. Oder mit Pferd und Wagen zur Kirschblüte ins Remstal. Oder mit der Eisenbahn nach Esslingen. Man kam jeden Abend selig müde zurück.

Dann kam die Industrie. Stuttgart wollte sie nicht in der Innenstadt haben. Wenn, dann Feuerbach und Cannstatt, auch der Bahnlinien wegen. Cannstatt als Kurort verblaßte. Es gab nochmal ein Datum: den 28. Juni 1922. Cannstatt sollte wieder Weltbad werden. Englische Geldgeber wollten 220 Millionen Mark nach Cannstatt pumpen. Professor Littmann aus München, Erbauer der beiden Hoftheater in Stuttgart, sollte einen neuen Kursaal für Cannstatt bauen, in der Nähe von Schloß Rosenstein.

Auf dem Gelände der Kuhnschen Fabrik sollte ein Kurhotel mit 250 Betten erstehen. Schloß Rosenstein und die Villa Berg sollten Kurhäuser werden. Aber das waren Seifenblasen während der Inflationswehen. Ein Jahr später ging es nicht mehr um Millionen, sondern um Billionen. Auch nach dem letzten Krieg gab es Überlegungen für ein Stuttgarter Kur- und Badezentrum: um das Neue Schloß herum, in der Stuttgarter Innenstadt. Mit umgeleitetem Mineralwasser aus Cannstatt.

Was ist geblieben? Großmutter wußte es: „Wasser hat jede Stadt. Aber nicht jede Stadt hat Mineralwasser. In Stuttgart schütten zwanzig Quellen täglich über zwanzig Millionen Liter Mineralwasser aus. Man kann in kristallklarem Wasser baden und schwimmen. Draußen und drinnen. Auch im Winter draußen. Heute noch im Leuze und im Berg/Neuner. Beide Bäder haben heute noch ihren harten Kern, die Leuzerianer und die Neunerianer. Wie um Wagners Opern die Wagnerianer. So verwandt ist das.

Im Berg/Neuner ist reizvoll: Sauna mit Mineralwasser, Männersauna parterre, Frauensauna im ersten Stock, gepflegte Ruhe. Im Leuze ist reizvoll: Das Heiß-kalt-heiß-kalt-Baden mit brühheißen Duschen und eskimokaltem Quellwasser. Man kann als Stuttgarter mineralwassersüchtig sein, wie man im Winter schneesüchtig ist.

Großmutter: Mineralwasser entsteht durch unterirdische Wanderung eingesickerter Niederschläge. Es gibt zwei Zuflüsse. Der nördliche Wanderweg kommt vom Strohgäu über Feuerbach und Zuffenhausen nach Cannstatt. In einer Tiefe von hundert bis zweihundert Metern. Der südliche Wanderweg kommt vom Strohgäu über die Solitude, unter dem Stadtkern von Stuttgart hindurch. In einer Tiefe von dreihundert Metern.

Außerdem fließt Mineralwasser aus dem Schwarzwald am Albtrauf vorbei nach Stuttgart. Woher auch immer, es fließt durch eine Menge Erdschichten: Dammerde, Kies, Sand, blauer Mergel, grauer Ton, gelber Mergel, Letten, Schiefer, durch Sümpfe und Klüfte. Von daher kommt auch das Beigemengte: Eisen, Natrium, Kieselsäure, Kohlensäure, Magnesium, Kupfer, Blei, Mangan, Silber.

Großmutter: Bis ein normaler Wassertropfen zu einem Mineralwassertropfen wird, das dauert zehn bis zwanzig Jahre. Und so ein Wasser haben wir hier. Ob wir Sprudel trinken, oder im Sprudel baden. Mineralwasser war für Großmutter Königswasser.

Die Erfindung des Autos.
Im Fond Gottlieb Daimler. Am Steuer sein Sohn.
Lesen Sie dazu auf Seite 94:
Daimler stand als Daiber im Adreßbuch

Schaffer und Erfinder

Hier war Großmutter besonders wählerisch. Die drei größten schwäbischen Schaffer und Erfinder, unter vielen schwäbischen Schaffern und Erfindern, waren für sie: Zeppelin, Daimler und Bosch. Und in den achtziger Jahren lernte sie noch einen Erfinder persönlich kennen: Professor Paul Schlack. Er erfand das Perlon.

Der Schwabe, so Großmutter, arbeitet nicht, sondern er schafft. Er ist nicht unbedingt schnell, aber fleißig und gründlich. Er ist schaffig oder schäffenig. Schaffen stammt noch von den Bauern, den Wengertern und den Handwerkern. Es bedeutet selbsttätig arbeiten, unter eigener Verantwortung. Einen Weinberg schaffen, hieß im Weinberg schaffen, den Weinberg pflegen. Man schaffte auf einem Handwerk, man betrieb es: „auf seinem Schneiderhandwerk schaffend". „Ein Weib schafft" bedeutete früher, es liegt in den Wehen. Der Wein schafft, der Most schafft: wenn sie gären. Schaffen ist ein Naturbegriff. Der Boden schafft, von den Saatspitzen bis zur Ernte. Dann wieder schafft der Bauer den Boden. Es sind Kraftvorgänge. Das Schwäbische an der Bibel ist: Gott schuf den Menschen. Er hat ihn nicht bloß erfunden, er hat ihn geschaffen. Arbeiten tut man für Geld. Schaffen auch, aber es ist ein bißle mehr Stolz dabei, als beim Arbeiten.

Ferdinand Graf von Zeppelin

Großmutter hatte Zeppelins Daten von Herrn Ziegler: Ferdinand Graf von Zeppelin, geboren am 8.7.1838 in Konstanz, gestorben am 8.3.1917, beigesetzt am 12.3.1917 Pragfriedhof Stuttgart und seine Frau Isabella, geborene Freiin von Wolff, geboren am 4.5.1846 in Alt-Schwaneburg, Livland, gestorben am 2.1.1922 in Stuttgart, wohnten 1882–1886 in Stuttgart im ehemaligen Hause Neckarstraße 26, an dem sich deshalb eine Gedenktafel befand, die aber bei Kriegsende verschwunden war.

Später wohnte das Ehepaar in seiner Villa in Stuttgart, Herdweg 66. Auch nach dem Tod der Witwe gehört die Villa der Familie. 1944 ist die Villa ausgebrannt und durch Bomben stark beschädigt worden. Heute befindet sich auf dem Grundstück das Eberhard-Ludwigs-Gymnasium, allerdings mit der Hausnummer 72.

Daher wußte Großmutter auch: Übrigens war Graf Zeppelin Herr auf Giersberg, Kanton Thurgau/Schweiz, und Mitherr auf Hengstfeld bei Gerabronn, Württemberg, ferner wurde er Ehrenbürger in acht Städten, darunter am 7. Juli 1908 in Stuttgart.

1908 in Stuttgart, das war eine Geschichte für sich: Der Zeppelin verbrannte auf den Fildern. „In aller Stille war das Luftschiff im dämmerigen Morgengrauen des 4. August in Friedrichshafen aufgestiegen und hatte über Konstanz und Basel den Weg durchs Rheintal eingeschlagen. Über Straßburg und Mannheim war es am späten Nachmittag bei Oppenheim, drei Stunden von Mainz, eingetroffen und hatte dort in einer Rheinbucht eine glückliche Landung vollzogen, um seinen Gasvorrat zu ergänzen“.

Ferdinand Graf von Zeppelin

„Seit Mitternacht harrt man in Stuttgart in steigender Spannung seiner Ankunft mit unermüdlicher Ausdauer bis zur ersten Morgenfrühe. Alle Anhöhen waren mit Menschen dicht besetzt. Gegen halb sechs kündeten Signalschüsse sein Kommen an, und mit den ersten Sonnenstrahlen des 5. August erschien es über der Stadt, begrüßt von Böllerschüssen, Musik, Glockengeläute und einem Jubel von Menschenstimmen, die keine Feder schildern kann".

„Das Luftschiff umkreiste die Stadt in stolzer Fahrt. Kurz vor acht Uhr landete es auf einer Wiese bei Echterdingen. Es galt, einen Motorschaden auszubessern. In den ersten Mittagstunden erfuhr man, daß derselbe bereits behoben sei. Das Luftschiff war von einer ungeheueren Menschenmasse umgeben, die im Lauf des Vormittags in einer wahren Völkerwanderung in Echterdingen zusammengeströmt war".

Eines der ersten Luftschiffe über einem Start- und Landefloß auf dem Bodensee

„Da wurde eine Gewitterbö, die von Westen her plötzlich über die Filder dahinbrauste, ihm zum Verhängnis. Der Sturmwirbel erfaßte es mit elementarer Gewalt, riß es aus seiner Verankerung los, trug es wenige Meter hoch über den Köpfen der bestürzten Menge hinweg fast einen Kilometer weit, es verwickelte sich in den Kronen einer Obstbaumallee, fing plötzlich Feuer und war nach einer starken Detonation in weniger als einer Minute vollständig verbrannt bis auf das Aluminiumgerippe".

Was nun folgte, hat niemand vorausgesehen. Es glich der Kriegsbegeisterung von 1870/71: „Das Luftschiff ist verloren! Aber die Idee lebt! Hände und Taschen und Schränke auf für Graf Zeppelin!" Überall wurde gesammelt. Überall wurde gespendet. Es gab Zeppelin-Gedichte: „Hoch über Sturm und

Stille, sonnenhaft hebt sich das Größte, der Wille!" Es gab unzählige Artikel in den Zeitungen: „Was wird Graf Zeppelin jetzt tun? Gedanken eines Laien"; „Zeppelin-Spende und Schenkungssteuer"; „Wie schützen wir unsere Luftschiffe"; „Die Franzosen über die deutsche Zeppelin-Begeisterung"; „Graf Zeppelin im Licht der spanischen Presse"; „Zeppelins Kampf und Sieg".

Die Städte Dresden, Emden und Aalen wurden gerügt wegen mangelnder Zeppelin-Begeisterung. Man erfuhr, wie Graf Zeppelin seine Ischiasanfälle kurierte: mit Fangopackungen. Der Komponist August Bungert widmete seine neue Sinfonie „Eroica" dem Grafen Zeppelin. Es gab eine Zeppelin-Schallplatte mit einer Ansprache des Grafen. Im Residenztheater wurde ein Festspiel aufgeführt: „Graf Ferdinand von Zeppelin". Es gab ein neues Würfelspiel: „Eine Reise um die Erde mit dem Zeppelin". Es gab den tapferen Überfall des Grafen Zeppelin auf eine feindliche Stellung 1870, „in feinsten biegsamen Zinnfiguren". Damals war der Graf noch bei der Kavallerie.

Graf Zeppelin war auch ein kühner Schwimmer: „als er im Krieg 1866, in der Schlacht bei Aschaffenburg, mit einer wichtigen Nachricht den Rhein durchschwamm und so die Württemberger rettete".

Der Kaiser bezeichnete Zeppelin als den größten Mann des 20. Jahrhunderts und verlieh ihm den Schwarzen Adlerorden. Die Zeppelin-Spende brachte sechs Millionen Mark. Der Graf: „Wir sind nunmehr in der Lage, acht Luftschiffe jährlich herzustellen". Großmutter: Von da an ging's bergab. Ein Zeppelin war immer gerade fertig. Einer flog. Und einer ging wieder zu Bruch. Großmutter kriegte weitere Zeppelin-Daten: Mit 14 Jahren kam er 1852 in die Realschule in Stuttgart; 1882 Kommandeur des Ulanenregiments König Karl in Stuttgart; damals wohnte er Neckarstraße 26, Parterre und 1. Stock; Hausbesitzer Marquardt.

„1892 bis 1895 erscheint Zeppelin mit einer zweiten Mietwohnung im Haus Alleenstraße 20, 1. Stock. Im nächsten Haus war er Hausbesitzer, in der Keplerstraße 19. Hier erlebte er die Katastrophe von Echterdingen und die Nationalspende".

Großmutter wußte es von Herrn Walter B. aus dem Tizianweg, als er im Ersten Weltkrieg noch Gymnasiast war: „Unter meinen Mitschülern befand sich auch Claus Graf Schenk von Stauffenberg. Die Klasse war mit ihrem Oberpräzeptor auf dem Weg zu einer Ausstellung. Plötzlich ruft einer: ‚Der Zeppelin!' Und alle gucken in die Luft. Gemeint war aber der Graf, der in der Kutsche vorbeihuschte, vom Herdweg über den Hegelplatz in die Linden".

Daimler stand als Daiber im Adreßbuch

Großmutter fragte: Hundert Jahre Auto. 1886 bis 1986. Wessen Erfindung feiern wir denn: Den dreiräderigen Motorwagen von Carl Benz in Mannheim oder die vierräderige Motorkutsche von Gottlieb Daimler und Wilhelm Maybach in Cannstatt? Großmutter antwortete sich selbst: Beides. Aber Daimler war der Schaffigere. Benz, das waren noch drei Räder. Daimler, das waren schon vier Räder. Und: Daimler 1885 das Motorrad. 1886 Motorkutsche und Motorboot. 1887 die Motoreisenbahn. 1888 der Motorluftballon. Fast noch vor dem Zeppelin.

Es war Cannstatt noch als Kurort, wenn auch schon mit rückläufiger Tendenz. Daimler stand versehentlich als Daiber im Adreßbuch: „Daiber Gottlieb, Direktor, Taubenheimstraße 13". Und es war Cannstatt schon als pfupferiger Industrieort: Ein Zweigwerk der Esslinger Maschinenfabrik, die Vernickelungsanstalt von Gießler & Stern, die mechanischen Werkstätten von Werner & Pfleiderer, die Zöppritz'sche Brauerei, „nach neustem System eingerichtet"; die Weberei Elsas & Co.,

Gottlieb Daimler (links) und Wilhelm Maybach (rechts) erfanden das Auto in Stuttgart

„Wasserkraft und Dampfantrieb"; die Lindauer'sche Korsettfabrik, „vierstöckiges Gebäude mit Nähsälen und elektrischer Beleuchtung"; Eisengießereien, Kesselfabriken, eine Bettfedernfabrik, eine Blechdosenfabrik, zwei Ziegeleien, „helle Fassaden- und Formsteine"; eine Zigarrenfabrik, drei Essigfabriken, zehn Nudelfabrikanten. Und ungezählt viele Wirtschaften.

Großmutter: In Cannstatt lebten mehr Juden als in Stuttgart. Und: In Cannstatt wurde auch der Büstenhalter erfunden. Es war das Cannstatt der kurzen Gassen: Krahnenstraße, zwei Häuser; Lindenstraße, zwei Häuser; Pragstraße, fünf Häuser; Riemenäcker, ein Haus; Sommerrain, ein Haus; Klostergasse, vier Häuser; Staigle, ein Haus; Kienbach, ein Haus.

Mode waren: Tomatensenf; Teppiche waschen, walken und schwefeln; dauerhafter Fußbodenanstrich; Photo auf Holz und Seide, „Aufnahmen täglich bei jeder Witterung, Kinder eine Sekunde Expositionszeit, Erwachsene zwei bis drei Sekunden". Und es gab eine Zeitschrift der Methodisten: „Samenkörner für junge Herzen".

Zwanzig Jahre nach Erfindung des Autos fing der Ärger erst an: „Der Schultheiß von Cannstatt will auf den Zug. Er muß zu einer Beerdigung nach auswärts. Eben noch war er in seinem schwarzen Gehrock, seinem Zylinder, und mit dem Trauerkranz, eine stattliche, allseits ehrerbietig gegrüßte Persönlichkeit. Da saust von hinten her ein Automobil vorbei und spritzt Kaskaden schmutziger Brühe auf. Er muß nach Hause, sich umkleiden, und verfehlt den Zug".

Oder das Motorrad aus Cannstatt. Großmutter fragte: Von wem stammt der Satz „Jedem sein eigenes Pferd"? Noi, nicht von unserem König, sondern von Daimler. Und wer hat den Motorblock für dieses erste Motorrad gegossen, damals noch in Bronze? Der Glockengießer Kurtz in Stuttgart. Das war noch Qualität.

Großmutter zitierte Daimler: „Es müßte etwas unbeschreiblich Schönes sein, ein Fahrzeug zu besitzen, das motorisch betrieben, eine entsprechende Schnelligkeit entwickelt und es wenigstens einer Person gestattet, frei und ungebunden die Landstraßen zu benutzen".

Es gibt eine Zeichnung, ein Männle auf dem Motorrad. Es ist die Zeichnung aus der Patentschrift. Das Problem war, daß der Motor unter dem Sattel angebracht war. Und daß der Sattel mit der Zeit heiß wurde. Darum hockt das Männle fast stehend auf dem Motorrad. Wie ein Eilbriefträger.

1881 war Daimler in Rußland und hat dort schon den Markt sondiert. 1882 kam er nach Cannstatt, kaufte sich in der Taubenheimstraße 13 seine Villa mit Park. Und in dem dortigen

Gartenhäusle, jetzt die Gedächtnisstätte beim Cannstatter Kurpark, richtete er sich die Versuchswerkstatt ein.

Seit dem Frühjahr 1885 hatten die Cannstatter auf den Kieselwegen im Garten, oder auch nachts in den menschenleeren Straßen, ein Zweirad ohne erklärbare Antriebskraft, knatternd umherschwirren sehen und gehört.

Dann hatte Daimler die Maschine noch einmal gründlich überholt. Inzwischen war es Herbst geworden. Die erste große Ausfahrt erfolgte im November 1885. Das wieder waren Daimlers sechzehnjähriger Sohn Paul, der Chefkonstrukteur Wilhelm Maybach, und Maybachs Sohn Karl. Sie waren die Testpiloten mit den Rüttelmaschinen nachts zwischen Cannstatt und Untertürkheim. Nullkommafünf PS, sechs Stundenkilometer. Oder Formel 1 vor 100 Jahren.

Verglichen mit heute war es so ähnlich wie mit den Computern. Daimler wollte nicht unbedingt ein Motorrad erfinden, sondern einen verkaufbaren Kleinmotor; egal was, Zweirad, Vierrad, Boot, Schmalspurlokomotive, Flugzeuge, Schlitten, Feuerwehrspritze. Überall einen Gaul einbauen.

Daimler-Motorrad, Zeichnung aus der Patentschrift

Auf den Spuren von Robert Bosch

Großmutter auf den Spuren von Robert Bosch, oder: wieviel Häuser braucht der Mensch? Eduard Mörike ist zehnmal umgezogen in Stuttgart. Bosch mindestens auch, vorwiegend im Stuttgarter Westen. Es wurde immer alles zu klein. Angefangen hat es in der Rotebühlstraße 75, im Hinterhaus. Dabei war es gar nicht so sicher, ob es überhaupt Stuttgart sein sollte. Es gab Überlegungen, ob Heilbronn, Köln oder Furtwangen.

Die erste Werkstatt am Feuersee waren bescheidene Räume im Erdgeschoß, eine Drehbank, ein Mechaniker, ein Lehrbub. Bosch war 25 Jahre alt und sein eigener Buchhalter. Die Schmuckseite im Kontokorrentbuch, „Mit Gott", war herausgetrennt. Bosch wollte das Risiko selber tragen und Gott nicht belästigen.

Seine Anzeige: „Telephone, Haustelegraphen, fachmännische Prüfung und Anlegung von Blitzableitern, Anlegung und Reparatur elektrischer Apparate sowie alle Arbeiten der Feinmechanik". 1887 waren es 66 Kunden, davon 21 Ärzte. 1889 waren es 119 Kunden: „20 Prozent mit Läpperbeträgen unter fünf Mark".

Bosch-Anzeige, 1887, im Schwäbischen Merkur

ROB. BOSCH
Rothebühlstr. 75 B.
Telephone, Haustelegraphen.
Fachmännische Prüfung und Anlegung von Blitzableitern. (37
Anlegung und Reparatur elektr. Apparate,
sowie aller Arbeiten der Feinmechanik.

Bosch probierte: Eine Petroleumlampe mit verbesserter Lichtstärke, selbstschließende Wasserhähne, Zigarrenanzünder, Blinden- und Notenschreibmaschinen, Nudelpressen, Federhalter, Geduldspiele. Bosch später: „Ich hatte nie den Ehrgeiz, etwas selber machen zu wollen". Sondern: „Suche dir deinen Mann, und deine Sache ist gemacht". Immerhin entstand in der ersten Werkstatt schon der Magnetzünder. Rotebühlstraße 75 ist heute der Klett-Verlag.

Privat wohnte Bosch (1886) in der Augustenstraße 1, dann (1887) in der Schwabstraße 56. Augustenstraße 1 ist heute „Readers Digest", Weitpert-Haus. Schwabstraße 56 ist ein Neubau. 1887 war Hochzeit. Drei Kinder: Margarethe (1888), Paula (1889), Robert (1891). Dazwischen zog der Betrieb wieder um: 1890 in die Gutenbergstraße 9; 1891 in die Rotebühlstraße 108. Bosch beschäftigte zwischenzeitlich sechs Gehilfen, zwei Lehrlinge und zwei Hausdiener.

Während der Arbeit durfte gesungen werden. Bosch hörte es gern, und seine Leute wußten: Wenn wir singen, kommt er nicht kontrollieren. Bosch war eine Sängernatur. Tochter Margarethe: „Die Mutter erzählte, der Vater singe mit großer Begeisterung, aber immer total falsch".

Dann wurde die Wohnung wieder zu klein. Ab 1891 wohnten die Boschs in der Rotebühlstraße 145, erster Stock. Im zweiten Stock wohnte Karl Kautsky, ehemaliger Privatsekretär von Friedrich Engels. Er kam aus London nach Stuttgart. Im Nebenhaus wohnte Clara Zetkin mit ihren Söhnen Konstantin und Maxim. Sie kam aus Paris. Beide Häuser gibt es noch. Die Zetkin war mit dem Maler Friedrich Zundel liiert. Zundel malte die Bosch-Kinder. Als Clara Zetkin nach Moskau ging, heiratete Zundel die Bosch-Tochter Paula. Aber zunächst war wieder Wohnungswechsel: 1893 Moltkestraße 20, heute Bebelstraße, ein Eckhaus neben der ehemaligen Wohnung Schwabstraße 56. Das Eckhaus gibt es noch.

Dann war wieder Werkstattwechsel: 1897 Kanzleistraße 22. Die Kanzleistraße 22 gibt es nicht mehr. Der 1000. Magnetzünder. Jubiläumsausflug ins Remstal. Es gab inzwischen die Albwasserversorgung. Bosch baute Wasserstandsfernmelder. Er stellte auf Probe ein, was nicht jedem paßte, aber er zahlte gut. Die Zeit, in der er gelegentlich einen Obsthändler anpumpte für seine Wochenlöhne, war vorbei.

Großmutter wußte es von Professor Dr. Otto Borst, und der wieder wußte: „Mit dem Aufschwung der Firma Bosch änderte sich die Lohnskala. Bis dahin waren die Arbeiter des graphischen Gewerbes die bestbezahlten. Sie konnten mit einem Spazierstöckchen, einem steifen Hut, mit Manschetten und Frack herumflanieren. Jetzt bezogen die Bosch-Leute den ‚haigschta Loah'."

Und Boschs Satz, „Ich zahle nicht hohe Löhne, weil es mir gut geht, sondern damit es mir gut geht", fand Großmutter einen der besten Merksätze, die je in Stuttgart erfunden wurden.

Tochter Margarethe über Vaters Leibspeise: „Eine Suppe aus geröstetem Brot, mit kochendem Tomatenwasser überbrüht und mit gebräunten Zwiebeln geschmälzt. Dazu aß er Kartoffeln in der Schale".

Mit der ersten Fabrik, 1901, Breitscheidstraße 4 (heute Regierungspräsidium) explodierte es. Die Sorge war zunächst: „45 Mann, das Haus ist für 200 eingerichtet". 1912 waren es 4 500 Mitarbeiter. 1914 kam das Werk in Feuerbach dazu. 1925 waren es 14 000 Mitarbeiter.

Um 1900 wohnte Bosch in der Johannesstraße, hinter dem Feuersee, 1904 in seinem ersten eigenen Haus, Hölderlinstraße 7, neben der Fetzer-Klinik. Das Haus gibt es noch. 1910 ließ er sich seine Villa in der Diemershalde bauen. Auch die Villa gibt es noch, heute Robert-Bosch-Haus mit Robert-Bosch-Stiftung. Dann ließ sich Bosch eine Villa in der Heidehofstraße 31 bauen. Großmutter war in der Villa Bosch, jetzt „Robert-Bosch-Haus".

Großmutter: Wie bei Franziska von Hohenheim über Hohenheim, „der Herzog nennen es nicht Schloß, sondern Haus". Die schwäbische Art.

In diesem Bosch-Haus fand eine Jubiläumsausstellung statt, bei freiem Eintritt für jedermann. Großmutter hatte sich anfangs ein bißle geniert, bei soviel Privatsphäre, aber: Es ist Stuttgarter-Geschichte, und man kommt vielleicht nie wieder hinein.

Sie war hingerissen: Ein Traumhaus mit Traumpark. Die Räume parterre noch als Wohnräume; Diele, Arbeitszimmer, Eßzimmer; Jugendstildesign von Boeres; ein Bosch-Porträt von Pankok; Galafußböden; und draußen noch die Hackländer-Bäume. Der Stuttgarter Schriftsteller Hackländer war der Vorbesitzer des Grundstücks.

Großmutter: Bosch als Bub. Zehn Jahre alt. Mit einem Gesicht, daß man hätte schwören mögen, das wird kein Fabrikant, das wird ein Künstler. Und später der silberne Gelehrtenbart. Die erste Ehe und der erste Sohn Robert, der jung starb. Die zweite Ehe und der zweite Sohn Robert. Es ist ein Haus, das nicht bloß Glück brachte.

Großmutter entdeckte den Eingang der Höhle, in der die Wengerter auf der Gänsheide ihre Weine schon vor Bosch lagerten. Sie durften die Höhle weiterbenutzen.

Großmutter entdeckte auch das legendäre Foto: Jungmeister Bosch mit Fahrrad, wobei für einen Stuttgarter nicht das Fahrrad interessant ist, sondern Boschs Reformanzug, der Overall vor 100 Jahren.

Das wieder wußte Großmutter von Theodor Heuss: „Es ist der Schnitt und der zweireihige Kittel, den Gustav Jäger für den besten Wärmehaushalt des Körpers erdacht hat. Man mochte Bosch, wenn er mit dem Rad durch die Stadt fuhr, eher für einen Missionar halten als für eine Schrittmacher des elektrischen Zeitalters. Ihm selber blieb es gleichgültig, wofür man ihn hielt".

Jungunternehmer Bosch mit Fahrrad.
Interessant war nicht das Fahrrad,
sondern der Reformanzug von Gustav Jäger

Gustav Jäger war Professor an der Technischen Hochschule. „Er war es", so Heuss, „der seinerzeit den jungen Studenten Bosch für seine Gesundheitslehre gewonnen hatte". Man lese Gustav Jäger: „Wollenes". Oder wie sich Bosch-Tochter Margarethe erinnerte: „Wir Kinder wurden alle 14 Tage untersucht und wenn nötig, homöopathisch behandelt".

Es ist auch das Haus des Hitler-Gegners Bosch. Großmutter: Wer weiß, was in diesem Park alles gesprochen wurde. Auf alle Fälle ist es das Haus, das Großmutter immer droben auf dem Hügel sah, wenn sie von den Mineralbädern Leuze oder Berg/Neuner zum Asemwald zurückfuhr. Und jetzt war sie mal drin.

Ernst Heinkels erste Flugversuche auf dem Wasen

Stuttgart, 9. Juli 1911: „... machte der Flieger Heinkel auf dem Cannstatter Wasen den ersten Flugversuch mit seinem neukonstruierten Zweidecker. Eine Probe ohne Passagier führte den Flieger durch die ungeheuere Kraft des Motors in etwa zehn Meter Höhe".

Der damals 23jährige Ernst Heinkel aus dem Remstal war Maschinenbaustudent in Stuttgart. Angefangen hat es im Café Reinsburg, wo ausländische Illustrierte und Zeitschriften auslagen mit den Beschreibungen neuer französischer und amerikanischer Flugzeuge.

Heinkel wollte Flugzeugbauer werden. Der Vater war dagegen: „Die Flieger, das sind Seiltänzer, die gehören in den Zirkus". Der Sohn will einen Doppeldecker bauen.

Zunächst in einem Betsaal in der Blumenstraße, später in einem Schuppen auf dem Wasen, schaffte Heinkel mit ein paar Helfern an seinem Flugzeug: „Meine Tätigkeit wurde bald bekannt. Von Tag zu Tag kamen mehr Neugierige, die ihren Stuttgarter Flugzeugbauer sehen wollten. Der Wasen wurde zum Stuttgarter Flugplatz".

Bei einem Schaufliegen, am 12. Mai 1911, im Beisein des Königs erreichte Heinkels Schulfreund Hellmuth Hirth mit einer Rumpler-Taube „die sensationelle Höhe von 800 Metern". Heinkel: „Hirth erkannte mich. Ich mußte in seine Maschine steigen und den nächsten Start mitmachen. Auf meinem Schoß saß Hellmuths elfjähriger Bruder Wolf, der noch nicht ahnte, daß aus ihm einmal der berühmte deutsche Segelflieger werden würde. So unternahm ich am 12. Mai 1911 den ersten Flug meines Lebens". Im Mai 1911 war auch Heinkels Doppeldecker fertig, aber der Motor war zu schwach: „Da half mir mein Vetter Merkle, der bei Daimler Betriebsingenieur war". Die Firma Daimler lieh Heinkel einen 50-PS-Flugmotor.

Dann kam der 9. Juli, „ein strahlend schöner, heißer Tag. Wenn ich daran zurückdenke und nachlese, was die Stuttgarter Zeitungen über meine ersten Flüge schrieben, komme ich in Versuchung, mich selbst zu bewundern, ob der Bedenkenlosigkeit, mit der ich ohne Erfahrung, ohne Lehre und ohne Kenntnis der Eigenheiten meiner Flugmaschine die ersten Starts unternahm, während die Zuschauer herbeiliefen, von denen man nie wußte, was sie eigentlich lieber zu sehen begehrten, einen erfolgreichen Flug oder einen Todessturz".

„Zehn Tage lang flog ich ohne Rücksicht auf das Wetter. So kam der 19. Juli". Heinkel hatte Todesahnungen: „In ein oder zwei Minuten war ich schon 40 Meter hoch und flog in Richtung Untertürkheim. Ich ging in eine Rechtskurve. Dann begann die Katastrophe. Als ich die Maschine wieder in die horizontale Lage bringen wollte, rutschte sie über den rechten Flügel ab".

Im Cannstatter Krankenhaus erfuhr Heinkel: „Ein Monteur der Daimler-Werke namens Stoka, der mit dem Rad nach Untertürkheim fuhr, hatte meinen Absturz gesehen. Er kam bei meinem Flugzeug an, als dies gerade zu brennen anfing. Ich war bewußtlos, blutüberströmt und in die Spanndrähte verwickelt. Aus dem Tank lief Benzin auf den glühend heißen Motor und setzte die Maschine in Brand. Stoka und ein Schutzmann, der zu Pferd herangaloppierte, zerrten mich aus den Trümmern und hatten mich gerade ein Stück zur Seite geschleppt, als der Benzintank explodierte".

Heinkel und sein Doppeldecker auf dem Cannstatter Wasen: „Die ungeheure Kraft des Motors trug ihn zehn Meter hoch“

Ernst Heinkel wurde „Pionier des Schnellflugzeugs“, Erbauer des ersten Düsen- und Raketenflugzeugs der Welt. Er starb 1958 in Stuttgart.

Ein Stuttgarter erfand das Perlon

Großmutter war zum Tee eingeladen. Bei der Baronin von Schimmelmann, einer Malerin. Dort lernte sie Professor Paul Schlack kennen, 1897 in Stuttgart geboren, 1987 in Stuttgart gestorben. Professor Schlack erfand das Perlon. Großmutter kam heim und war begeistert: Ich habe eine Koryphäe kennengelernt. Aus seiner Aktentasche, die er umdrehen wollte, rugelte ein sauber gespitzter Bleistiftstummel. Wir suchten gemeinsam den Bleistiftstummel. So kamen wir leichter ins Gespräch.

Professor Schlack war auf einer Tagung in Berlin, wo er eine Rede hielt, und reiste weiter zum Lago Maggiore, um dort sein Sommerhäusle winterfest zu machen. Er war ausgebucht: „Tagungen, Kongresse, Jubiläen. Ich muß immer etwas Produktives tun".

Er war Wissenschaftler, Forscher, Lehrer, Erfinder. Er war Schüler am Eberhard-Ludwigs-Gymnasium, machte mit siebzehn sein Abitur, der Erste Weltkrieg war ausgebrochen: „Ich hatte eine Volontärsstelle bei Bosch". Bosch wurde es nicht. Es wurde ein Chemiestudium an der Technischen Hochschule Stuttgart bei Professor William Küster, dem Blutfarbstoff-Forscher. Ein Semester Studium. Dann drei Jahre Soldat. Dann wieder Stuttgart. Nachholen. Weiterstudieren.

1921 Examen mit Auszeichnung. Ein Jahr wissenschaftlicher Assistent in Kopenhagen durch Vermittlung des dänischen Nobelpreisträgers Sörensen. 1922/23 wieder Stuttgart, jetzt als Privatassistent von Professor Küster.

Angepeilt war das Pharmalabor der Farbwerke Hoechst. Es lag eine Zusage vor mit einem Stipendium. Aber Hoechst war damals französisch besetzt, „die ließen niemand herein". 1924 zu Agfa nach Wolfen, Kunstseide. „Das Fotolabor bei Agfa wäre mir lieber gewesen. Fotografie war mein Primanerhobby". 1926 zum Werk nach Berlin. Acetat-Kunstseide. Er war inzwischen hinter einem reiß- und scheuerfesten, hochelastischen, strapazierfähigen und mottensicheren Endlosfaden her. Hinter dem die Amerikaner auch her waren. Die Amerikaner erfanden Mitte der dreißiger Jahre das Nylon. Er erfand wenig später, als Einzelgänger, das Perlon. Professor Schlack: „Nylon ist ein Gattungsbegriff. Perlon ist ein Warenzeichen".

Es passierte in der Nacht vom 28. auf den 29. Januar 1938: „Mein Laborant und ich haben reines Caprolactam mit 1/150 Mol Aminocapronsäurehydrochlorid und einer Spur Wasser in ein Glasrohr eingeschmolzen und in einem sogenannten Bombenofen auf 240 Grad erhitzt". Großmutter hatte keine Ahnung, was reines Caprolactam und was Aminocapronsäurehydrochlorid ist: aber ein Glasrohr in einer Januarnacht in einem Bombenofen mit 240 Grad Hitze, das war's. Und sie hörte es vom Erfinder selber.

Professor Schlack: „Eigentlich erwarteten wir nur ein halbes Resultat. Wenigstens eine Ermutigung. Aber dieser erste Versuch war ein voller Erfolg. Als wir am Morgen das Rohr öffneten, konnten wir einen hochelastischen Stoff entnehmen. Er schmolz ohne Zersetzung an der Flamme und aus der angeschmolzenen Stelle ließen sich lange Fäden abziehen, die gleich nach dem Ausrecken eine erstaunliche Festigung zeigten".

Die Chemiekonzerne hüben und drüben einigten sich: Austausch der Herstellungsprogramme und Marktabgrenzung. Dann war wieder Krieg. Aus dem neuen Perlon wurden zunächst Fallschirme, Soldatensocken, Geschützbürsten, textile Reifeneinlagen und Operationsfäden. Dann kam die Flucht aus Berlin: „Mit neun Kisten Perlon-Know-how. Tausend Meter vor uns die Russen". Die Amerikaner brachten den Erfinder Schlack nach Bobingen bei Augsburg.

Aus einer ehemaligen Sprengstoff-Fabrik wurde der erste Perlonfaserbetrieb nach dem Krieg. Und nach der Währungsreform kamen die Perlonstrümpfe auf den Markt, die auch Großmutter trug. Heute sind es 200 Produkte: Blusen, Unterwäsche, Fischernetze, Abschleppseile, Bekleidung, Mode, Technik, Medizin. Großmutter wußte es vom Erfinder persönlich: Das große Geld war es nicht für ihn, aber er ist so reißfest geblieben wie seine Fäden. Denn er starb mit 90. Nach einem Herzinfarkt.

Die Kammersängerin Anna Sutter als Carmen.
Sie war der Star des Hoftheaters:
„Die beste Carmen, die es je gab", „die lustigste aller lustigen Witwen", „eine dunkelhaarige Circe".
Lesen Sie auf Seite 124:
Hofrat erschoß Kammersängerin

Die Künstlergeschichten

Carl Maria von Weber, mit 20 in Stuttgart, mit 30 in Dresden. Der König in Stuttgart kann ihn nicht leiden, läßt ihn verhaften und ausweisen. Der König in Dresden macht Weber zum Hofkapellmeister auf Lebenszeiten. Weber stirbt mit 40. Vor Jahren haben Stuttgart und Dresden ihre Staatstheater auf Alte Oper restauriert. Beide Häuser wurden mit Webers „Freischütz" wiedereröffnet.

Mörikes erste Liebe war eine Pfarrerstochter aus Plattenhardt.

Storm und Raabe in Stuttgart. Storm tat sich schwer mit dem schwäbischen Dialekt in seinen Novellen. Sein Sohn studierte an der Stuttgarter Musikhochschule. Zwei Töchter von Raabe wurden in Stuttgart geboren. Und Raabe wunderte sich dauernd, was die Stuttgarter alles auf ihren Dächern machen.

Musil langweilte sich als Assistent der Technischen Hochschule und fängt an zu schreiben: „Der Mann ohne Eigenschaften". Musil wohnte in Degerloch, und niemand weiß wo.

Webers „Flegeljahre“ in Stuttgart

Dresden, 1985. Die restaurierte Semperoper wurde mit Carl Maria von Webers „Freischütz“ wiedereröffnet. Stuttgart, 1985. In der restaurierten Alten Oper Stuttgart wurde Webers „Freischütz“ wieder in den Spielplan aufgenommen. Drüben wie hüben die gleiche Nostalgie, zwei zurückverschönte Häuser, zweimal Weber, nicht ganz zufällig. Dresden und Stuttgart waren Glanz und Elend Webers, der nur 40 Jahre alt wurde (1786–1826).

Großmutter: In Dresden wurde Weber mit 30 Jahren Königlich Sächsischer Hofkapellmeister auf Lebenszeit. Der dortige König war sein Gönner. In Stuttgart wurde Weber verhaftet und ausgewiesen. Unser erster König konnte Weber nicht leiden. Man sprach von Webers Stuttgarter Flegeljahren. Er hatte wohl auch nicht den richtigen Beruf bei uns.

Weber kam 1807 von Karlsruhe, 21 Jahre alt, nach Stuttgart und wurde Geheimsekretär des Herzogs Ludwig von Württemberg, einem Bruder des Königs. Außerdem war er Musiklehrer der herzoglichen Familie.

Seine Schülerin, die spätere Königin Pauline, soll das Lied vom Jungfernkranz aus dem Freischütz schon 15 Jahre vor der Uraufführung in Dresden gekannt haben. Dienstlich war Weber für die Privatkorrespondenz des Herzogs zuständig und für heikle Privatgeschäfte. Er hatte den König immer wieder um Geld zu bitten für die Familie des Bruders.

Es gab Ärger: Weber schickte mal eine ältere Hofbedienstete, die die Wäscherin suchte, in das Gemach des Königs; ein Tag Arrest für den Witzbold Weber; oder Weber tauchte mal in der Königsloge des Theaters auf, der König ließ ihn verwarnen. Großmutter: Immer der Weber.

Privat verkehrte Weber mit Dichtern, Malern und Musikern. Das war eine Art Stammtisch, „Fausts Höllenfahrt“. Jeder hatte einen Necknamen. Weber hieß Krautsalat; der Stuttgarter Hofkapellmeister Franz Danzi hieß Rapunzel; der Stuttgarter Dichter Franz Carl Hiemer hieß Reimwol.

Weber schrieb in Stuttgart Klavierwerke, Lieder, Kantaten. Er hielt sich ein Reitpferd und einen Pferdeburschen. Er komponierte seine Anfängeroper „Waldmädchen“ in seine spätere „Silvana“ um, mit neuen Texten des Stuttgarters Hiemer, der auch die Texte für „Abu Hassan“ schrieb.

Weber kam in Stuttgart mit einer Bühnenmusik zu Schillers „Turandot“ heraus. Es waren umgeschriebene Arbeiten von 1804, in Stuttgart 1809 als Uraufführung: Die „Ouverture und Märsche sind von Herrn Carl Maria Freiherrn von Weber nach orientalischer Mode bearbeitet“.

Großmutter: Webers Problem waren Schulden. 1809 kam sein Vater nach Stuttgart. Auch er ein Schuldenakrobat. 1810 braute sich der Rausschmiß zusammen.

Ein ehemaliger Reitknecht Webers, ein gewisser Huber, schlug Weber zur Deckung seiner Schulden eine Manipulation vor. Ein Gastwirt Höner schob Weber 1000 Gulden zu, damit der Reitknecht Huber nicht zum Militär mußte. Als Huber dann doch eingezogen wurde, flog die Sache auf. Weber wurde eingesperrt und mit seinem Vater abgeschoben.

Immerhin, Webers „Abu Hassan“, im Juni 1811 in München uraufgeführt, wurde einen Monat später in Stuttgart nachgespielt, aber, wie Großmutter wußte: ohne Namen des Komponisten auf dem Theaterzettel. Es geht in „Abu Hassan“ um Geld und Schulden.

Großmutter wußte es von Herrn Helmut Nieß, Archivar der Staatstheater Stuttgart: „Nach der Uraufführung des Freischütz, Juni 1821, wurde der Freischütz im April 1822 auch in Stuttgart erstmals aufgeführt. Weber scheint sich mit Stuttgart schnell versöhnt zu haben. Der für die Aufführung benutzte Partiturband, heute in der Landesbibliothek, enthält den eigenhändigen Vermerk: ‚Zur Darstellung auf dem Königlichen Hoftheater Stuttgart. Carl Maria von Weber.' "

Der Erfolg war so groß, daß die Oper im Laufe des Jahres zwölfmal gegeben wurde, obwohl der Musikkritiker in Cottas Morgenblatt für gebildete Stände den Freischütz in mehreren Fortsetzungen schonungslos auseinandernahm.

Billetts für den Freischütz gab es in der Wohnung des Hofmusikers Scheffauer, Gartenstraße, und an der Abendkasse. Stuttgart, November 1822; „Webers Preciosa, zum Benefiz der Hofschauspielerin Maurer; Billetts sind in der Wohnung der Hofschauspielerin Maurer und abends an der Kasse zu haben." Stuttgart, April 1831 Webers „Oberon". Stuttgart, März 1886, zu König Karls Geburtstag, Webers „Silvana".

Stuttgart, Dezember 1967, als deutsch/deutsche Gala, wieder Webers „Freischütz"; Dirigent Carlos Kleiber; Regie Walter Felsenstein, Ostberlin.

Mörike und seine erste Angebetete Luise Rau

Der Stuttgarter kennt seinen Mörike nicht bloß als Dichter, sondern auch als Schwaben und Stuttgarter. Er war Pfarrer und lehrte an der Mädchenschule Katharinenstift Literatur, Deutsch und Aufsatz.

Er muß hinreißend eigensinnig gewesen sein und zog dauernd um: 1851 Augustenstraße, 1852 Hospitalstraße und Büchsenstraße, 1854 Alleenstraße, 1859 Hohe Straße, 1860 Militärstraße, 1864 Kanzleistraße, mit Zweitwohnungen in Lorch und Nürtingen, 1871 Reinsburgstraße, dann wieder Lorch und Fellbach, 1873 Forststraße, 1874 Moserstraße.

Mörike wurde mit 50 nochmal Vater, hatte zwei Töchter, Marie und Fanny, zu denen er reizend gewesen sein soll. Er lebte

Eduard Mörike

mit seiner Frau und seiner Schwester zusammen, was nicht immer gutging.

Er war Theaterabonnent, bemalte Ostereier, sammelte Versteinerungen, Münzen, Notenblätter, Urkunden, Autographen und Reliquien. Er war immer ein bißle kränklich und wurde 71 Jahre alt.

Wenn er verreiste, fuhr er mit der Eisenbahn. Er genoß das und erklärte seinen Kindern die Lokomotive. Er schrieb in Stuttgart sein „Stuttgarter Hutzelmännle" und „Mozarts Reise nach Prag". Seine anderen Arbeiten schrieb er auf dem Lande.

Er beschwerte sich bei der Hauswirtin, daß in der Wohnung über ihm die ganze Nacht musiziert wurde: „gebeethovelt". Emmanuel Geibel schlug ihn für den bayerischen Maximilian-

Orden vor. Königin Olga schickte Mörike ihr Foto. Bei einer Tombola gewann er eine Büste von Cicero.

Seinen Tagebucheintragungen nach, mit vielen Terminen, war Mörike kein menschenscheuer Typ, was man zuweilen von ihm behauptete. Er war typisch Stuttgart: Ein Könner läßt sich nicht seine Zeit stehlen. Lieber schaffen. Er war der verinnerlichte Stuttgarter: fühlen, denken, beobachten, spüren, zusammensetzen, formulieren. In Harmonie mit seinem Typ.

Großmutter entdeckte noch etwas anderes, im Schwäbischen Merkur, 1931: „Das Grab von Luise Rau auf dem Fangelsbachfriedhof gefunden; bisher falsch numeriert, unter Efeu; Luise Rau, die einstige Jugendfreundin und Verlobte Mörikes; Tochter des Pfarrers von Plattenhardt."

„Der junge Mörike kam nach dem Tod ihres Vaters als Pfarrverweser für einige Monate in das Haus, wo die Mutter und drei Töchter noch wohnten. Die 22jährige Luise und der Vikar faßten eine starke Zuneigung zueinander; später eine Sammlung von Briefen und viele Gedichte, die Luise Rau gewidmet waren; Mörikes Versuch aus dem Kirchendienst herauszukommen, und als Schriftsteller sich eine eigene Existenz zu schaffen, haben das Verhältnis in die Länge gezogen und schließlich gelöst. Luise Rau heiratete mit 39 einen verwitweten Pfarrer und starb 1891 in Stuttgart."

Vater Hermann Kurz
und Tochter Isolde Kurz

Erst hatte Großmutter ein Buch unter dem Arm. Als sie es gelesen hatte, hatte sie vier Bücher unter dem Arm. Alle von oder über Hermann Kurz. Das kam daher, daß Herr Fritz Graefe vom Stadtarchiv im oberen Stock des Wilhelmspalais eine Ausstellung zum 100. Todestag von Hermann Kurz zusammengetragen hatte. Herr Graefe rief Großmutter an, ob sie

Hermann Kurz

nicht auch mal vorbeikommen wolle. Großmutter: Ah ja. Hermann Kurz, Vater von Isolde Kurz.

Und wie das bei Ausstellungen so ist: Da stehen Vitrinen, liegen aufgeschlagene Bücher in Schaukästen; ein Stammbaum, eine Büste, Fotos, Gemälde, Briefe. Bei Großmutter funkten meistens Bilder zuerst: Wie sah er aus, Stirn, Augen, Mund, Hände.

Dann trug Großmutter zusammen: 1813 in Reutlingen geboren, 1873 in Tübingen gestorben, 60 Jahre alt geworden, Autor der Bücher „Schillers Heimatjahre" und „Der Sonnenwirt", Redakteur der demokratischen Tageszeitung „Der Beobachter" in Stuttgart. Gedichte, Balladen, Novellen, Leitartikel, Übersetzungen, Ehrendoktor der Universität Rostock.

Isolde Kurz, Tochter von Hermann Kurz

Daß einer vor 100 Jahren schon Ehrendoktor war, da blitzte bei Großmutter nichts, aber die Tochter Isolde Kurz hat ein anrührendes Buch über ihren Vater geschrieben, worin er mit der Kraft eines Bären stirbt und ein Leben zurückläßt, von dem er sagte: „ich bin zwischen die Zeiten gefallen".

Großmutter behauptete von sich, sie werde nie ein gebildeter Mensch, weil sie immer und überall nur nach dem Leben suche, früher wie heute. Hermann Kurz als Klosterschüler in Maulbronn und als Pfarrerzögling im Tübinger Stift, aber er ist kein Typ für Zucht und Religion, auch wenn die Mutter ihn beschwört, er solle durchhalten.

Hermann Kurz als junger Schriftsteller in Stuttgart, dem Cotta sagt, er solle ihm ein Buch schreiben. Als das Buch fertig war, wollte es Cotta nicht mehr haben. Hermann Kurz und seine Frau Marie von Brunnow, die Tochter eines Obersten und Kammerherrn, als Wildfang aufgewachsen, politisch voller Sturm und Drang.

Der Umschwung 1848 und der Literat, der sich jetzt für die schwäbische Volkspartei engagiert. Aber er ist auch kein Typ für Parteien. Hermann Kurz als Vater, der mit hastiger Feder seinen „Sonnenwirt" schreibt, weil der Verleger drängt. In der Wohnung liegt ein todkrankes Kind. Das Buch muß raus. Es ist die Chance des Lebens. Die Kritiker verreißen das Buch. Es wird trotzdem ein Erfolg. Dann stirbt der Verleger. Wieder kein Glück.

Geldsorgen. Eine angegriffene Gesundheit. Eine Freundschaft mit Mörike, die in die Brüche geht. Die Krisen einer Ehe. Großmutter las, angeregt durch die Ausstellung, fünf Bücher in Sachen Hermann und Isolde Kurz. Was Großmutter traurig stimmte, war das Buch von Isolde Kurz, die ihren Vater nur über die Mutter kannte, weil der Vater seiner Tochter so wenig erzählte über sich. Großmutter: Oh, diese Väter, die ihre Töchter nicht spüren!

Isolde Kurz wurde eine hoch gelobte Schriftstellerin. Und auch Ehrendoktor. In Stuttgart.

Wilhelm Raabe und Stuttgart

Es stand im Schwäbischen Merkur. 15. November 1910: „Der Dichter Dr. Wilhelm Raabe ist heute abend um halb sechs in Braunschweig sanft entschlafen. 1862 verheiratete er sich mit Frau Bertha, geborene Leiste, einer Beamtentocher aus Wolfenbüttel, und siedelte noch im gleichen Jahr nach Stuttgart über, wo er bis Mitte 1870 wohnte."

Diese Stuttgarter Zeit bildete einen Höhepunkt in Raabes Schaffen. Der Aufklang war die Novelle „Holunderblüte" mit dem dunklen Spruch: „Des Menschen Hand ist eine Kinderhand, sie greift nur zu, um achtlos zu zerstören!" Als Raabe nach Stuttgart kam, schrieb er noch an dem Roman „Die Leute aus dem Walde, ihre Sterne, Wege und Schicksale". Aus diesem Buch stammt das Doppelwort, mit welchem die junge Cannstatter Dichterin Therese Köstlin das erste Bändchen ihrer Gedichte überschrieben hat: „Gib acht auf die Gassen! Sieh nach den Sternen!"

Vor allem aber schrieb Raabe in Stuttgart, außer einem Dutzend kleinerer Erzählungen, die Trilogie des Menschen in der Welt; Jugend, Lebensmitte, Alter, „Der Hungerpastor", „Abu Telfan" und „Schüdderump". 1870 übersiedelte Raabe mit seiner Familie nach Braunschweig. Zwei Töchter wurden in Stuttgart geboren, zwei weitere kamen in Braunschweig dazu.

Raabe war in Stuttgart mit dem Notterschen Ehepaar befreundet, „in dessen gastlichem Heim der norddeutsche Dichter mit seinen schwäbischen Kollegen oft zu launigem Geplauder zusammentraf. Auch noch von Braunschweig aus blieb Raabe mit Friedrich Notter in ununterbrochenem Briefwechsel." Raabe an Notter, als 1909 eine Straße in Stuttgart nach Raabe benannt wurde: „Das hat mich von meinem Stuttgart sehr gefreut".

Großmutter gefiel besonders, wie Raabe sich dauernd über die Stuttgarter wunderte: „Es ist wirklich merkwürdig, was die Leute alles auf Balkonen, Brüstungen, platten Dächern, ja sogar auf dem Schornstein treiben".

Großmutter fand zwei Dinge anrührend: Raabe hat Mörike in Stuttgart nie kennengelernt, obwohl auch Mörike mit Notter zumindest gut bekannt war. Großmutter: Hier war wohl Mörike der Scheuere. Und: Im September 1879 fuhr Raabe von Braunschweig mit der Eisenbahn nach Freiburg. Er stieg in Bruchsal um, wartete auf den Anschluß, und sah auf dem anderen Gleis den Zug nach Stuttgart. Es kam ihn in Erinnerung an Stuttgart, wie er Notter schrieb, „eine seltsame Stimmung an. In die Sehnsucht mischte sich eine kuriose Angst von einem vollständig veränderten Stuttgart. Die Angst überwog in hohem Maße alle anderen Empfindungen." Großmutter: Hier war wohl Raabe der Scheuere.

Großmutter erfuhr es dann später von Frau Gertrud Brünner: „Wenn Raabe im September 1879 Stuttgart nicht mehr zu besuchen wagte, war seine Angst nicht unbegründet. Sein Freund Notter könnte ihm aus Stuttgart den Bau der Panoramabahn vom Hauptbahnhof zur Hasenberg-Station mitgeteilt haben, eröffnet am 1. September 1879. Das einst so romantische Vogelsangtal wurde durch einen 39 Meter hohen Bahndamm zerschnitten."

Und: „Ich entdeckte auch vor einiger Zeit, daß ‚Die Akten des Vogelsangs', die Raabe später in Braunschweig schrieb, sich auf den Stuttgarter Stadtteil beziehen, der damals von Raabe noch als das idyllische Vogelsangtal am Fuße des Osterbergs (Hasenbergs) erlebt worden war. Er schildert die Schicksale dreier junger Menschen, die ihre Kindheit dort verleben, und wie sich das Tal verändert, das zum geräuschvollen Vorort herabsinkt mit Fabriken und Amüsierbetrieben."

Großmutter hatte inzwischen bei Raabe-Biographen wie Hermann Pongs und Dr. Karl Fricker gelesen, wie raffiniert Stuttgart in Raabes Büchern versteckt ist. Die „Akten des Vogelsangs" entschlüsselte Raabes Tochter Margarete: „Daß es in Stuttgart eine Vogelsangstraße gibt, habe ich bei Besuchen dort 1925 und 1926 festgestellt. Bis dahin nahm ich an, daß der Name Vogelsang eine Erfindung meines Vaters sei. Aber bei meinem Aufenthalt in Stuttgart bin ich auch öfter nach Degerloch zu Ostertags gefahren (Hasenberg: Osterberg) und auch sonst dort in den Straßen herumgeschweift. Plötzlich sagte ich beim Blick von dort oben auf die Stadt: Das ist ja wie in den ‚Akten des Vogelsangs!‘ “

Raabes „Fabian und Sebastian” und zwei der drei jungen Leute in der Vogelsang-Geschichte sollen die Kinder der Schokoladenfamilie Waldbaur am Feuersee gewesen sein. Der Birkenkopf ist bei Raabe der Schluderkopf. „Die schnurgerade Linie am Bocksdorfer Holz, mit den tausend Lichtern unter sich“ ist das Königsträßle bei der Neuen Weinsteige. In der Art ist Raabe voller Stuttgart-Hinweise. Großmutter fand das bei Fricker, „Raabes Stuttgarter Jahre im Spiegel seiner Dichtung“.

Im Sommer 1870 nahm er Abschied von seinen Freunden, wie in Stuttgart üblich: „Noch einmal mit einer Fülle von Ausflügen nach Obertürkheim, Untertürkheim, Endersbach, Stetten, Plochingen, Tübingen, Bebenhausen, Marbach, Urach und so weiter.“

Bleibt die Sache mit Mörike, den Raabe angeblich nie kennengelernt hat: „Der Vortrag eines Schauspielers führte im Museum beide Dichter im selben Vortragsraum zusammen. Zu einer Begegnung kam es nicht“.

Raabe später: „Mörike führte ein so hypochondrisch-zurückgezogenes Leben, daß wahrscheinlich nur älteste Freunde im vertrauten Verkehr mit ihm waren. Ich, damals als junger Ehemann im vollen geselligen, literarischen und politischen Taumel der Tage, fühlte wirklich nicht das Bedürfnis, den alten großen Träumer aufzustöbern.“

Raabes Stuttgart-Bild: „Das süddeutsche Behagen, das gesunde Phlegma, die frische Genußfähigkeit, das Konkrete und Kompresse einer fest in sich zusammengehaltenen Gemütswelt, fast noch wie im Mittelalter.“ Raabe über die Schwaben: „Soviel Hamlet wie Faust“.

Robert Musil in Degerloch

Haben Sie schon mal gehört, daß ein wissenschaftlicher Assistent an der Technischen Hochschule Stuttgart, 22 Jahre alt, schöngeistig zu schreiben anfängt, bloß weil ihn Stuttgart langweilt, und daß er dadurch später ein berühmter Schriftsteller wird: Robert Edler von Musil, oder einfach Robert Musil (1880–1942, „Der Mann ohne Eigenschaften", „Die Verwirrungen des Zöglings Törleß").

Und dieses Schreiben aus Langeweile; „Stuttgart war mir fremd und unfreundlich"; war Musils Stuttgarter Jahr. Er arbeitete bei der Materialprüfungsanstalt. Sein Chef war Professor Carl Bach.

Großmutter hat Musil nie kennengelernt, aber sie wußte: Er wohnte von Oktober 1902 bis April 1903 in der Urbanstraße 46. Dann machte er eine mehrwöchige Militärübung, kam nach Stuttgart zurück, und wohnte in Degerloch, wahrscheinlich bis Ende September 1903. Aber niemand weiß, wo er in Degerloch gewohnt hat. Degerloch war damals noch nicht eingemeindet, und es bestand keine Meldepflicht, schon gar nicht für Untermieter.

Musil selber beschreibt nur, wie er nach Stuttgart zurückkam; „mit einem Kajütenkoffer voller Bücher"; er fuhr in einem „Mietauto in Kletterschlingen die sonnige Berglehne nach Degerloch hinauf, das damals ein reizendes Dorf war, welches wie aus einem hohen Baumzipfel auf die Stadt hinabsah". Er erwähnt ein Zimmer mit Aussicht und Kletterrosen vor den Fenstern; „unten im Garten fruchtschwere Bäume hinter dem Holzgitter des kleinen Vorzaunes".

Großmutter las Musils Bücher. Sie ließ sich im Archiv des Baurechtsamts die Architektenzeichnungen des Hauses Urbanstraße 46 zeigen. Sie telefonierte mit dem Bezirksvorsteher in Degerloch, dem Stuttgart-Kenner Hermann Ziegler, dem Musil-Kenner Johannes Poethen. Großmutter kriegte nie heraus, wo Musil in Degerloch wohnte. Dafür entdeckte sie bei der Gelegenheit das Sommerhäusle des Grafen Wilhelm von Taubenheim, Degerloch, Weinsteige 8. Großmutter: „Auch wenn es nicht so war, aber im Sommerhäusle des Grafen von Taubenheim hätte Robert Edler von Musil gewohnt haben können. Wo sonst in Degerloch?"

Rimbaud und Verlaine prügeln sich am Neckar

Als Großmutter herauskriegte, daß Robert Musil in Stuttgart war, erfuhr sie von Herrn Dr. Hans Joachim Schyle: „Übrigens, Rimbaud war auch mal in Stuttgart, er hat sich am Neckar mit Verlaine geprügelt". Herr Schyle verwies auf zwei Bücher: Rimbauds „Briefe" und Enid Starkies „Das trunkene Schiff, das Leben des Jean Arthur Rimbaud". Es waren Rimbauds Wanderjahre. Er war damals um die zwanzig.

Es gibt einen Brief, Stuttgart, 17. März 1875: „Meine liebe Familie. Ich habe nicht schreiben wollen, bevor ich eine neue Adresse hatte. Hier das Muster der Aufschrift für Briefe an mich: Wurtemberg, Monsieur Arthur Rimbaud, 2 Marienstraße 3 tr., Stuttgart." 3 tr. bedeutete dritter Stock.

„Ich habe hier ein sehr großes Zimmer, sehr gut möbiliert, in der Stadtmitte, für zehn Florint, Bedienung inbegriffen. Pension bietet man mir für 60 Franken im Monat an. Das brauche ich übrigens nicht, da wird man doch nur beschummelt und abhängig, durch solche kleinen Verbindungen." Rimbaud konnte seine Wirtin, eine ehrenwerte Frau Wagner, nicht leiden.

Und bei Enid Starkie: „Nach der Weihnachtsruhe in Charleville führte der Wunsch, eine neue Sprache zu lernen, Rimbaud 1875 nach Deutschland".

Durch den Namen Wagner verleitet, erzählte seine Schwester Isabelle später, ihr Bruder sei nach Stuttgart gereist, um dort die Wagnerfestspiele zu erleben.

Rimbaud „erwarb sich in Stuttgart eine sehr gute Kenntnis des Deutschen und studierte fleißig. Wir wissen, daß er viele Stunden in der Bibliothek verbrachte". Dann kam Besuch, Paul Verlaine, auch ein Poet, zehn Jahre älter. Rimbaud und Verlaine waren „Höllengefährten": „Die Wiedervereinigung der beiden Höllengefährten muß ein trauriges, unerfreuliches Schauspiel gewesen sein, eine Wiederholung der letzten Monate ihres Zusammenlebens in London 1873."

„Sie zogen von einer Wirtschaft zur anderen, und während Rimbaud mit zunehmender Trunkenheit immer wildere und gotteslästerlichere Reden führte, erging sich Verlaine in rührseligen, frommen Sprüchen. Schließlich machten sie einen Spaziergang am Ufer des Neckars, wo sie in heftigen Streit gerieten." „Vom Alkoholgenuß erregt, wurde Verlaine tätlich und schlug auf Rimbaud ein". „Auch Rimbaud war schon schwer betrunken. Er war der kräftigere und schlug zurück. Dann rannte er weg und ließ Verlaine bewußtlos auf der Erde liegen, wo ihn am anderen Morgen Bauern auf ihrem Weg zur Feldarbeit fanden. Sie hoben ihn auf und brachten ihn mit ihrem Fuhrwerk in die Stadt."

Hier stutzte Großmutter: Von der Marienstraße zu einer Zechtour am Neckar, 1875, das konnte nur Cannstatt gewesen sein. Dort gab es aber zu der Zeit kaum Feldbauern; Fischer, Flößer, Wengerter ja, aber kaum Feldbauern. Und die hätten ihn auch noch ins Krankenhaus transportiert?

Außerdem, so Großmutter, Verlaine sah aus wie der Sohn von Bismarck, und Rimbaud sah aus wie der Sohn von Friedrich Nowottny. Und Rimbaud soll der Stärkere gewesen sein? Trotzdem fand es Großmutter schade um Stuttgart: Zwei Weltliteraten trafen sich hier und boxten einander um.

Hofrat erschoß Kammersängerin

Stuttgart, 29. Juni 1910. Es kam ein Extrablatt heraus: „Anna Sutter ermordet! Von Aloys Obrist erschossen! Selbstmord des Mörders!"

„So war es überall in Stuttgart um die Mittagszeit zu hören, nachdem das Sutterle, die Kammersängerin Anna Sutter, Star des Königlichen Hoftheaters, in ihrer Wohnung von dem ehemaligen Stuttgarter Hofkapellmeister Dr. Aloys Obrist mit zwei Schüssen getötet worden war."

Großmutter hatte das aus mehreren Quellen. Und so soll es passiert sein: „Am 29. Juni, vormittags um 10 Uhr, betrat Dr. Aloys Obrist, Titulierter Hofrat, das Haus Schubartstraße 8, in dessen erstem Stock die Kammersängerin Anna Sutter wohnte." Es gibt noch Stuttgarter, die das Haus kannten, und Großmutter wußte das: Im Erdgeschoß war ein Spezereigeschäft. Im zweiten Stock wohnte ein Professor, im dritten ein Privatier und ein Bankbeamter.

Aloys Obrist war von 1895 bis 1900 Hofkapellmeister in Stuttgart, ging dann nach Weimar, kam 1907/08 zurück, ging wieder nach Weimar, kam 1910 wieder nach Stuttgart. Er sollte Musikkritiker beim „Schwäbischen Merkur" werden.

„Als Obrist an der Glastür der Sutterschen Wohnung läutete, wurde ihm vom Dienstmädchen bedeutet, ihre Herrin fühle sich noch von der Abendvorstellung her angegriffen, und sei nicht zu sprechen." Sie lag noch im Bett.

„Obrist bat trotzdem, Anna Sutter Blumen überreichen zu dürfen. Er hatte einen großen Strauß weißer Rosen bei sich und (versteckt) zwei geladene Pistolen. Als ihm auch seine neue Bitte abgeschlagen wurde, schob er das Mädchen zur Seite, betrat die Wohnung, und ging auf das Schlafzimmer zu."

Die Polizei: „Es ertönten aus dem Schlafzimmer rasch hintereinander Schüsse. Als man eindrang, lag im Bett die Künstlerin, mit zwei Schüssen getötet. Vor dem Bett lag Dr. Obrist, gleichfalls tot." Großmutter hatte sogar Abzüge von Fotos der Mordkommission, von wem sagte sie nicht, sie sagte nur: „So etwas sieht schrecklich und elend aus".

Man dachte immerhin auch damals schon über den Täter nach: „Daß zwischen Anna Sutter und Dr. Obrist enge Beziehungen bestanden hatten, war stadtbekannt. Es kam dann aber zum Bruch, wohl auf Betreiben von Anna Sutter. Obrist war verheiratet. Außerdem mag ihr auf die Dauer sein immer stärkeres Drängen, sie solle ihn heiraten, lästig geworden sein."

Und: „Obrist, 1867 in San Remo als Sohn eines Züricher Arztes geboren, der eine Dame aus schottischem Adel geheiratet hatte, hatte eine unglückliche Ehe seiner Eltern miterlebt."

Großmutter wußte es von Professor Hermann Missenharter („Herzöge, Bürger, Könige"): „Daß Obrist aus Eifersucht getötet hatte, bezweifelt niemand. Sie war die Sutter. Sie war eine Carmen. Es war die Verzweiflung des José."

„Als Obrist begraben wurde, stand kaum jemand an seiner letzten Ruhestätte. Anders war es bei Anna Sutter. Ganz Stuttgart war aufgewühlt ob der Tragödie. Und als die tote Sängerin, 1871 in Sankt Gallen geboren, nur 39 Jahre alt geworden, beigesetzt wurde, war die Teilnahme gewaltig und ehrlich. Stuttgart hatte seinen erklärten Liebling verloren." So spielte das Leben.

Anna Sutter war für Stuttgart „die lustigste aller lustigen Witwen", „die beste Carmen, die es je gab", eine „dunkelhaarige Circe", ein „lebensfrohes Weib". Wenn auch mit plötzlichen Einschränkungen: Sie habe zwischen Sein und Schein nie recht unterscheiden können, deshalb habe sie das Ende gefunden, das sie zwischen den Kulissen vieldutzendmal unter den Todesklängen der Bizetschen Musik erlebt habe.

Ihre Fans dagegen: „Anna Sutters blutige Bahre soll nicht umzischelt sein von dem Fragen und Sagen sensationslü-

Grabfigur für Anna Sutters Grab auf dem Pragfriedhof, Bildhauer: Donndorf Sohn, von dem auch der Schicksalsbrunnen neben dem Großen Haus stammt. Daraus entstand der Irrtum, der Schicksalsbrunnen habe etwas mit Anna Sutter zu tun

sterner Neugier. Und der Lorbeer, den Stuttgart auf ihren Sarg legt, sei frei von Schmutz und Staub niedrigen Klatsches."

Es wurde eine von Großmutters längsten Lerngeschichten. Sie erfuhr von Oscar Heiler, der es wiederum von seiner Mutter wußte: „Zwei uneheliche Kinder, Schulden, Liebschaften. Anna Sutter sei gar nicht so hübsch gewesen, aber sie soll eine unglaubliche Ausstrahlung gehabt haben." Für Oscar Heiler war es ein Phänomen, daß die sittenstrengen Stuttgarter so an dieser triebhaften Sängerin hingen.

Großmutter wußte von Herrn Emil Sch. aus der Forststraße: „Anna Sutter und Aloys Obrist liegen nebeneinander auf dem Waldfriedhof". Bloß, den Waldfriedhof gab es 1910 noch nicht. Großmutter kannte das: Gedächtnisfehler. Die passierten ihr auch. Großmutter wußte es vom Friedhofsamt: Anna Sutters Grab ist auf dem Pragfriedhof. Und sie wußte es von Hermann Ziegler: „Obrist wurde in Stuttgart eingeäschert, aber die Urne wurde in München beigesetzt". Dann fragte ein Herr Gerhard Müller, was aus den beiden Kindern der Kammersängerin geworden sei. Großmutter wieder erfuhr es von Frau Hoffmann aus Hohenheim: Die Tochter habe Mathilde geheißen, genannt Thilde. Sie sei nach dem Tod ihrer Mutter von einem Baron Entress-Fürsteneck adoptiert worden und habe sich als Sängerin versucht. Der Sohn sei nach Amerika gegangen.

Großmutter wußte es von Frau Lucie Weber, 83, aus Wirnsheim: „Ich habe im Krieg, kurz bevor das Neue Schloß zerbombt wurde, eine Liedermatinee im Weißen Saal besucht. Die Sängerin war die Tochter von Anna Sutter, eine schöne, mittelblonde Frau, mit einer weichen Stimme. Ich hatte den Eindruck, daß die Besucher aus höfischen Kreisen, aus Adel zum großen Teil bestanden. Nach der Darbietung eilten die Damen und Herren an das Podium und begrüßten die Künstlerin mit einer Herzlichkeit sondersgleichen. Dann gab es Fliegeralarm."

„Von Anna Sutters Tochter hörte ich erst wieder 1945. Sie sei an einer Grippe verstorben". Großmutter fand auch das heraus: Mathilde Freifrau von Entress-Fürsteneck, gestorben am 8. Februar 1945 in Bayern, in der Gegend von München, auf dem Stuttgarter Pragfriedhof begraben.

Großmutter wußte es von Frau Johanna Jung: „Die Tochter Anna Sutters gastierte vor dem 2. Weltkrieg in Stuttgart als Carmen. Sie hatte nicht die Brillanz ihrer Mutter, wurde aber vom Publikum umjubelt, einfach in der Erinnerung an ihre Mutter. Am nächsten Tag war sie bei uns zum Tee. Anna Sutters Sohn, der den Namen seiner Mutter trug, lebte bis vor einigen Jahren in einer württembergischen Stadt."

Er lebte in Heilbronn. Das wieder wußte Großmutter von Herrn Hermann Ziegler. Herr Ziegler kannte den Sohn. Der Vater war Jude. Der brachte sich vor den Nationalsozialisten in Sicherheit, lebte längere Zeit in Hongkong und Singapur, heiratete dort eine Siamesin und wohnte nach dem Krieg in Heilbronn. Er starb mit 59 Jahren.

Es gibt noch Künstlerfotos von Obrist: Ein junger, gut aussehender Mann mit Vollbart. Und es gibt einen Kollegen-Nachruf von einem Egmont Richter: 2500 handgeschriebene Buchstaben, winzig verkleinert, als Andenkenpostkarte mit Trauerrand: „So gebührt Anna Sutter mit vollem Rechte das herzliche Wort: Ich hatt' einen Kameraden..." Es gibt auch noch eine Künstlerpostkarte: Tochter Thilde als Rotkäppchen. Großmutter: Als Thilde noch ein kleines Mädchen war, wollte sie beim Kinderchor im „Evangelimann" mitsingen, aber Anna Sutter wünschte, daß ihre Tochter keine Künstlerin werde.

Großmutter klärte auch den Gedächtnisfehler von Herrn Hermann Sch., für den Anna Sutter und Aloys Obrist auf dem Waldfriedhof begraben liegen. Herr Sch: „Nach 1938 kamen wir jedenfalls öfter auf den Waldfriedhof und haben dort gelegentlich am Grab einer großen Künstlerin vom Theater haltgemacht." Großmutter: Doch, es liegt auf dem Waldfriedhof auch eine legendäre Kammersängerin, Sigrid Onégin, und es gibt dort das Grab ihres ersten und ihres zweiten Mannes. Das ist die nächste Geschichte.

Sigrid Onégin und ihr russischer Baron

Die Stuttgarter Kammersängerin Sigrid Onégin versteckte im Ersten Weltkrieg ihren Mann, weil er Russe war. Es kam dann nach zweieinhalb Jahren heraus, aber zweieinhalb Jahre lang hat sie ihn in der Wohnung versteckt.

Das Buch, in dem man das nachlesen kann, heißt „Alt-Rhapsodie, Sigrid Onégin, Leben und Werk" (Zürich, 1939), herausgegeben von Dr. Fritz Penzoldt, ihrem späteren zweiten Mann. Die Kammersängerin und ihre beiden Männer liegen auf dem Waldfriedhof begraben.

Der Russe war Baron, Pianist und Asylant: Eugen Borisowitsch Onégin, der aus politischen Gründen eine gute Stellung an der Petersburger Oper aufgab. Stuttgart war Sigrid Onégins erstes Theaterengagement. Bis dahin war sie Konzertsängerin mit Baron Onégin als musikalischem Mentor. Und sie hieß noch Lilly Hoffmann.

Der Baron war einen Kopf kleiner als sie und schmächtig, so daß bei einem Konzert in Tübingen dem dortigen Kritiker der Lapsus passierte: „Ihr junger Sohn begleitete die Mutter vortrefflich am Klavier".

Sie heirateten 1913 in London. Gleich danach unterschrieb Sigrid Onégin ihren Stuttgarter Vertrag. 1914 bricht der Krieg aus. Die russischen Arbeiter der Zigarettenfabrik Waldorff werden interniert. Spionenfurcht, Kriegshysterie, allgemeine Verunsicherung.

Die Onégins wohnen in der Champignystraße, Stuttgart-Ost, heute Eugen-Baumann-Straße. Und der Baron ist plötzlich verschwunden. Er hat es angeblich geschafft, noch nach England zu reisen. So erzählt es die Hofopernsängerin auch dem König. Sigrid Onégin muß sich als Frau eines Ausländers jeden Tag bei der Polizei melden. Eingeweiht ist nur noch Agnes, die Hausdame, Tochter eines hohen Offiziers.

Dann kommt auch noch Zwangseinquartierung, ein Landsturmmann, der Spione sucht. Er geht morgens weg und kommt abends wieder. Wenn er wiederkommt, hockt der Baron im Kleiderschrank. Es wird langsam unwürdig. Der Kaiser hatte bei Kriegsausbruch versprochen: „Wenn die Blätter fallen, wird alles zu Ende sein."

Die Onégins wechseln die Wohnung und ziehen in die Hohenzollernstraße 21, „abseits in Gärten versteckt, wo dichte Bäume bis an die Fenster schützende Schatten werfen". Aber auch: „Es stellen sich Zeichen ein, wie sie bei Kriegsgefangenen häufig sind. Der Baron wird reizbar, ungeduldig, unruhig". Sigrid Onégin muß zu einer Fronttournee.

Die Frau an der Front, der Mann versteckt in der Stuttgarter Wohnung. Es wird grotesk. Wieder fallen die Blätter. In der Amtsstube der Kriminalpolizei Stuttgart geht der Vorstand unruhig auf und ab. Eine anonyme Anzeige.

Die Polizei prüft diskret. Flucht nach vorn: Sigrid Onégin läuft in der Nacht zu ihrem Intendanten, Baron zu Putlitz, „der Pförtner des Hoftheaters will gerade die Lichter löschen". Aber der Intendant ist gar nicht im Theater. Er spielt im Club Billard. Und der Intendant fährt sofort zum König.

Inzwischen ist Agnes, die Hausdame, beim Ortskommandanten, einem Freund ihres Vaters. Der General donnert: „Kriegsrecht!" Dann wird er reizend: „Verflixt nochmal! Das hat die Frau brav gemacht!"

Der König läßt Gnade vor Recht ergehen. Er brummt der Kammersängerin eine Geldstrafe auf wegen Unterlassung der Anmeldung von Ausländern in Kriegszeiten. Der Baron darf

Sigrid Onégin

sich wieder in der Öffentlichkeit zeigen. Er muß sich täglich zweimal bei der Polizei melden. Das war 1917.

1918 ist der Krieg aus. Der Baron fängt an zu kränkeln. Im November 1919 stirbt er. Großmutter zitierte den Kaiser: „Wenn die Blätter fallen, wird alles zu Ende sein“.

Johann Friedrich Cotta,
Freiherr von Cottendorf (1764–1832),
Buchhändler und Zeitungsverleger

Wirtinnen und Exzellenzen
Millionäre und Tippelbrüder

Jede Zeit hat ihren Bogen, sagte Großmutter, und es wird immer wieder ein Kreis daraus. Und aus dem Kreis wird ein Reigen. Und aus dem Reigen wird wieder ein Bogen.

Schiller sollte Chefredakteur bei Cotta werden. Schiller wollte nicht. Aus gesundheitlichen Gründen.

Oder Cottas erste Journalistin, eine Therese Huber, über Stuttgart anno 1821: „Ohne Vettern haben Sie in Stuttgart keine Geltung, und wenn Sie mit einer goldenen Krone kämen." Oder über die jungen Leute vor 170 Jahren: „Die Jugend ist zügellos".

Großmutter fand heraus: 1899 kandidierte eine Frau als Oberbürgermeister für Stuttgart: Klara Zetkin. Oder die Weizsäckers sind verwandt mit den Boschs. Das wieder erfuhr Großmutter beim Galadiner von der Wirtin auf Schloß Solitude. Großmutter fand immer etwas, wenn sie stöbern ging, und oft etwas ganz anderes als das, was sie suchte. Es machte ihr auch nichts aus, wenn es zuweilen makaber klang: Solang wir leben, ist es keine Geschichte. Weil wir noch zu jung sind. Erst wenn wir tot sind, wird es eine Geschichte. Weil dann nichts mehr dazukommt.

Stuttgarts erste Journalistin bei Cotta

Großmutter wußte: Cotta, Johann Friedrich, Freiherr von Cottendorf (1764–1832); in Stuttgart geboren, in Stuttgart gestorben, zwischendurch Tübingen; Buchhändler, Zeitungs- und Buchverleger; brachte Schiller heraus, Goethe, Schlegel, Hölderlin; Vizepräsident des Landtags; mit einer sehr attraktiven Frau; er trug eine Geldkatze, einen um die Hüften geschnallten Geldbeutel, der hinten unter dem Kittel saß.

Großmutter wußte: Cotta wollte Schiller als politischen Chefredakteur haben. Schiller winkte ab: „aus gesundheitlichen Gründen". Und Großmutter wußte von Therese Huber (1764–1829), Schriftstellerin und Journalistin bei Cottas Morgenblatt in Stuttgart.

Ihr Vater war Philologe und Altertumsforscher in Göttingen. Sie heiratete mit 20 den Weltreisenden Georg Forster, wurde mit 30 geschieden, heiratete ein Jahr später Ludwig Ferdinand Huber, einen Redakteur der Allgemeinen Zeitung in Stuttgart. Bei Cotta war sie von 1816 bis 1823. Sie kriegte Krach mit Cotta.

Es gibt ein Buch über sie, 1901 in Stuttgart erschienen, 72 Jahre nach ihrem Tod: Ludwig Geiger „Therese Huber". In diesem Buch ist ein Brief der Therese Huber abgedruckt über ihre Eindrücke von Stuttgart. Datum 9. November 1821:

„Das Leben hier ist recht teuer. Ein Logis von drei heizbaren Zimmern und ein paar ungeheizten, nebst Küche und Zubehör, kostet 300 bis 350 Gulden aufs mindeste, und da ist's lokal sehr schwer, nur Sonne, geschweige dann Aussicht zu finden." Therese Huber verdiente 700 Gulden bei Cotta und 400 bis 500 Gulden als Schriftstellerin. Das dürfte eine Arbeitszeit von 60 bis 70 Stunden die Woche gewesen sein.

Therese Huber

Sie war vermutlich eine verwöhnte Frau, aber 1200 Gulden Gehalt und runde 400 Gulden Miete, das ist umgesetzt heute ein Mieter im Asemwald, allerdings mit Sonne und Aussicht.

„Sie wohnen denn außer dem Stadtthor, welches bei schlechtem Pflaster und Teure der Fiacres sehr schwer ist. Ein Wagen kostet einen preußischen Thaler zu Besuch, und die Stuttgarter City patscht im Kote." Großmutter: Öffentlicher Nahverkehr und Stadtreinigung zu Zeiten Cottas.

Therese Huber: „Das Gymnasium hat sehr würdige Lehrer. Allein ihr Einfluß auf die Jugend ist Null. Die Seele von Württembergs Leben ist Nepotismus. Ohne Vettern haben Sie in Stuttgart keine Geltung, und wenn Sie mit einer goldenen Krone kämen. Die Jugend ist zügellos. Burschen von 14 bis 16 Jahren taumelnd aus Bierhäusern kommen zu sehen, ist sehr häufig. Das Familienleben ist unfein und beschränkt. Deshalb die Jünglinge rauh und gemein." Therese Huber hatte eine scheue und fromme Tochter.

„Auch die besten Lehrer gehören ihren Vettern, und weil sie diese nicht züchtigen dürfen, lassen sie es an anderen aus. Dieser Geist der Absonderung beschränkt auch die Besten, denn individuell sind vortreffliche Männer darunter."

Stuttgart im Winter damals, die Huberin war inzwischen 58, „stürzte sie in dem schneereichen, eisglatten Winter 1822/23 durch eigene und fremde Schuld zweimal auf die Straße und zog sich Verletzungen zu." Großmutter: Gestreut haben sie schon damals nicht.

Schwäbische Millionäre

Großmutter war nie gierig auf Geld und nie neidisch. Ihre Parole als Hausfrau und Köchin war: Wieder ein Tag vorbei, und wir haben alle satt gekriegt. Großmutter hatte gelesen, daß es in Baden-Württemberg 12 000 Millionäre gibt. Das war 1983. Und sie hat ausgerechnet, daß die damals neue Schleyer-Halle in Stuttgart, von der man sagte, sie könne 12 000 Personen fassen, für eine Millionärsversammlung ausreicht.

Großmutter fand interessant dabei, daß es 1963 in Baden-Württemberg 2 000 Millionäre gegeben haben soll und jetzt, 20 Jahre später 10 000 mehr: 13 Jahre davon mit einem SPD-Kanzler. Heidenei. Großmutter war auch nicht politisch. Sie stellte sich nur ein ehrliches Broschürle vor: Wer sind die 12 000 Millionäre? Wie heißen sie? Wo wohnen sie? Und was besitzen sie?

Denn das gab es beispielsweise 1914: unter unserem letzten König, und auch der gab an, wie jeder Millionär im Ländle, was er besaß, nämlich 36 Millionen Mark. Er war nicht reich, er war aber auch nicht arm. Und wenn es nicht stimmte, besaß er mindestens 36 Millionen Mark.

Es gab die einfachen Millionäre: Witwen, Häuslesbesitzer, Konsuln, Apotheker, Privatiers. Einfache Millionäre waren der Fabrikant Bleyle in Degerloch, die Erben von Cotta, Verleger und Verlagsbuchhändler wie die Spemann-Brüder, Engelhorn, Kröner, Klett, Reclam, der Hotelier Marquardt oder Graf Zeppelin.

Großmutter: Man soll nichts an Geld messen. Das kann morgen schon wieder ganz anders sein. Der reichste Mann unter den Schwaben war damals der Fürst von Thurn und Taxis, Postfuhrunternehmen mit 270 Millionen Mark Vermögen und fünf Millionen Mark Einkommen. Großmutter: Und der erhöhte nicht jedes Jahr das Porto.

Es folgten: Der Fürst zu Hohenlohe-Öhringen mit 154 Millionen, der Fürst zu Fürstenberg mit 110 Millionen, die Gräfin Adelmann mit 66 Millionen. Dann kamen: Freifrau Henriette von Simolin-Bathory, Badische Anilin- und Sodafabrik, 23 Häuser in Stuttgart; sie selber wohnte Rotebühlstraße 70 und den Sommer über am Starnberger See; Vermögen 30 Millionen.

Der Fürst von Hohenzollern, Schloß Sigmaringen, 28 Millionen. Der Fabrikant Robert Bosch, 20 Millionen. Dr. Ernst Sieglin, Chemiker und Ägyptenforscher, Stuttgart, Villa Weißenburg, zwölf Millionen. Frau Julie, verwitwete von Siegle, Reinsburgstraße 39, zehn Millionen. Professor Rudolf Kaulla, Privatdozent, verheiratet mit einer Bankierstochter, Mörikestraße 14, neun Millionen. Fabrikant Robert Leicht, Bier, Stuttgart-Vaihingen, neun Millionen. Fabrikant Schiedmayer, Pianoforte, Neckarstraße 16, fünf Millionen. Oberst von Mohn, Flügeladjudant des Königs, verheiratet mit der Tochter eines Pulverfabrikanten, fünf Millionen. Freifrau von Reitzenstein, Villa Reitzenstein, fünf Millionen.

Großmutter: Das stand alles in dem Broschürle. Und das durfte jeder lesen. Und selbst, wenn es frisiert war, dann waren es Mindestzahlen. War die Monarchie ehrlicher als die Demokratie? Oder ist die Demokratie ehrlicher als die Monarchie?

Ein Arbeitsloser 1874 auf der Walz

„Sehen Sie, Herr Bassler, es ist keine Arbeit da. Und wenn keine Arbeit da ist, kann man nicht schaffen". Das sagte am Samstag, dem 22. August 1874 der Faktor Friedrich K. in der damaligen Stuttgarter Vereins-Buchdruckerei zu dem siebzehnjährigen Schriftsetzer Georg Bassler. Und der Schriftsetzer sagte zu seiner Mutter: „Am Dienstag geh ich in die Fremde". Und die Mutter weinte.

Dieser Schriftsetzer und spätere Redakteur Georg Bassler („Schwäbische Tagwacht") war der Großvater des jetzigen Pfarrers und Stadtrats Siegfried Bassler, der neuerdings selber Bücher schreibt.

Großmutter kannte das Tagebuch des Georg Bassler senior, der darin beschreibt, wie er als Arbeitsloser vor 110 oder fast 120 Jahren auf die Walz ging, um neue Arbeit zu suchen: Stuttgart, Straßburg, Prag, Wien, Salzburg. Und wie ihn das gegerbt hat.

Wer auf die Walz wollte, mußte sich beim Schuldklageamt, Rathaus Zimmer 46, eine Bescheinigung besorgen, daß er keine Schulden hatte. Er brauchte ein Leumundszeugnis und einen Paß. Dann nahm man Abschied von Verwandten und Bekannten. Das war oft schon die halbe Walz: Schorndorf, Lorch, Dettingen, Heilbronn, Friedrichshafen. Überall Abschied. Und überall kriegte man etwas zugesteckt.

Georg Bassler und Karoline Bassler, geborene Frank.
Bassler ging 1874 als Arbeitsloser auf die Walz

Geld und Proviant reichten zunächst für eine Eisenbahnfahrt vierter Klasse bis Straßburg. Und von dort mit dem Dampfboot Richtung Karlsruhe. Als Schriftsetzer hatte man ein Zunftbuch, mit dem man bei den Druckereien in größeren Orten vorsprach. Dort bekam man ein Viatikum, ein geringes Handgeld. Man übernachtete in Herbergen („oft voller Wanzen"), in Wirtschaften („meist zu teuer"), in Heuschobern und Viehställen oder im Freien. Weiter nach Bruchsal und Heidelberg.

Nach zwei Wochen lernte man „fechten". Ein Schneidergeselle brachte es Georg Bassler bei. Sie zogen von Dorf zu Dorf, von Haus zu Haus: Zwei arme Handwerksburschen bitten um eine milde Gabe. Für einen Schwaben war das nichts. Er schüttelte lieber Zwetschgenbäume. Worms, Wiesbaden, Köln. Tagesmärsche und Nachtmärsche. Nach drei Wochen die Schuhsohlen durchgelaufen. Häufig niedergeschlagen: „Hartes Lager, leerer Magen, kein Geld, schlechtes Wetter". Und: „Der Sonntag ist der traurigste Tag für einen Handwerksburschen".

Es war die Zeit der Kleinstaaterei: „An einem Tag durch vier Länder. Grenzpfähle und Schlagbäume. Minden, westfälisch. Bückeburg im Fürstentum Schaumburg-Lippe. Ein Stück durch Hessen-Kassel. Dann Königreich Hannover". Nach zwei Wochen Walz in Leipzig wieder Arbeit, Hilfssetzer für sechs Wochen.

Von Leipzig nach Dresden: „November. Es schneit von Anfang an. Schmalz ergattert zum Abdichten der Schuhe. Im Schneegestöber verirrt. In durchnäßten Kleidern geschlafen. Schüttelfrost."

In Prag war Georg Bassler „Basslerovi zu Stuttgartü". In Sankt Pölten fragte eine alte Frau: „Handwerksbursch, kannst du lesen?" Sie zeigte ihm ein Schriftstück. Es war die Zahlungsaufforderung der Feuerversicherung. Die alte Frau war sehr erstaunt: „Wenn du lesen kannst, warum bist du dann auf der Walz?"

Im Benediktinerkloster in Sankt Pölten wurde er beim Mittagessen verhaftet. Der Gendarm ließ ihn wieder laufen. Er war ein Handwerksbursche mit Uhr, also nicht hoffnungslos abgebrannt. In Salzburg wieder Arbeit. Bis Weihnachten: „Ich war froh, von diesem Hundeleben im Schnee erlöst zu sein".

Ein siebzehnjähriger Stuttgarter 1874 als Arbeitsloser auf der Walz. Und er stand es durch. Großmutter: Wohlstand ist nicht die Norm, Wohlstand ist die Ausnahme.

Etzel Vater und Etzel Sohn

Der Vater war Eberhard von Etzel (1784–1840), Baumeister und Wegebauer. Er baute die Neue Weinsteige und die Wilhelmsbrücke über den Neckar. Es gibt ein Etzel-Denkmal auf halber Höhe der Neuen Weinsteige: „Gewidmet dem genialen Wegebaumeister Oberbaurat Eberhard von Etzel, dem Erbauer der Neuen Weinsteige, dem Trefflichen geweiht von seinen Fachgenossen und Verehrern". Der Sohn war Karl von Etzel (1812–1865). Er entwarf den ersten Bahnhof in der Bolzstraße, sozusagen nebenher. Karl von Etzel galt zu der Zeit schon als Koryphäe des europäischen Eisenbahnwesens. Vater und Sohn hatten sich auf Räder spezialisiert.

1981 wäre ein Riesenfest in Stuttgart fällig gewesen. Großmutter: 150 Jahre Neue Weinsteige. Aber die Eröffnung vor 150 Jahren wurde auch schon nicht gefeiert. Und jetzt bauen wir die Weinsteige wieder um. Wahrscheinlich bis zum Jahr 2000. Die Straßenbahn fährt im Berg. Die Neue Weinsteige wird noch mehr Autorollbahn. Ende einer Panoramastrecke. Pläne für die Neue Weinsteige gab es schon vor 170 Jahren. Es war damals eine ähnliche Situation wie heute die Flugplatzerweiterung in Echterdingen. Damals gab es nur die Alte Wein-

Etzel Vater und Etzel Sohn.
Der Vater (links), Eberhard von Etzel,
baute die Neue Weinsteige.
Der Sohn (rechts), Karl von Etzel,
galt als Eisenbahnspezialist

steige als Transportweg auf die Filder und von den Fildern. Das waren Steigungen bis zu 17 Prozent. Großmutter: Die armen Gäule. Und das Transportgeschäft nahm immer mehr zu. So entstand die Neue Weinsteige. Mit sechs Prozent Steigung. Aber das paßte wieder den Wengertern nicht.

Es war ein Königsprojekt, zur Zeit von Wilhelm I., 1826 bis 1831. Und die Steige hieß denn auch zunächst Wilhelmstraße;

bis 1854. Als die Neue Weinsteige fertig war, explodierte der Verkehr: Eisenbahn, Zahnradbahn, Straßenbahn, Busse, Lastwagen.

Großmutter wußte auch aus dem Degerlocher Anzeiger von 1929: „Seit Einlegung des zweiten Straßenbahngeleises in die Neue Weinsteige und mit Zunahme des Autoverkehrs hat sich auf dieser Straße ein Zustand herausgebildet, welcher gründliche Abhilfe dringend nötig macht."

Daher, so der Degerlocher Anzeiger: „Wegverlegung der Strassenbahn auf die Bergseite der Neuen Weinsteige" und „Anlegung eines Tunnels, das unterhalb der Villa Weißenburg in das alte Geleise endigen würde." Noch 1929 schrieb man altschwäbischerweise „das Tunnel", gesprochen „das Tunell". 1929 gab es auch Tunnelvorschläge der Hedelfinger, nicht bloß der Degerlocher: Ein Tunnel vom Bopser nach Hedelfingen.

Großmutter: Wenn die heutigen Stuttgarter also traurig sind, daß ihre Stadtbahn selbst auf den Panoramastrecken vertunnelt wird, viele alte Stuttgarter waren schon immer dafür. Die Räder wurden immer schneller.

Karl von Etzel, der Sohn studierte an der Technischen Hochschule in Stuttgart. Er geht mit 23 nach Paris. Kommt nach vier Jahren wieder. Stuttgart will noch keine Eisenbahn. Karl von Etzel geht nach Wien. Jetzt wollen die Stuttgarter eine Eisenbahn. Sie fragen in Paris nach einem Experten. Paris empfielt Etzel in Wien. Etzel kommt zurück, entwirft ein Eisenbahnnetz für ganz Württemberg. Der Bau stockt. Etzel geht nach Basel. Dann wieder nach Wien. Er baut die Brennerbahn. November 1864 Schlaganfall. Er stirbt im Mai 1865 auf einer Bahnstation bei Linz. Er wollte zurück nach Stuttgart.

Großmutter: Die Räder, die immer schneller wurden, haben ihn getötet.

Donndorf Vater und Donndorf Sohn

Donndorf Vater und Donndorf Sohn waren zwei vielbeschäftigte Bildhauer, von denen noch eine Menge Arbeiten in Stuttgart zu sehen sind: Professor Adolf von Donndorf (1835–1916) und Professor Karl Donndorf (1870–1941). Der Sohn wuchs in die Zeit der nackten Figuren hinein. Der Vater fand diese neue Richtung schamlos. Der Sohn mußte 1914 in den Krieg. Der Vater starb zwei Jahre später.

Großmutter kannte den Enkel, den pensionierten Ministerialdirigenten Wolf Donndorf, Ritter der Ehrenlegion, Referent von Carlo Schmid und Gebhard Müller, Leiter des Ressorts Kunst im Stuttgarter Kultusministerium. Der pensionierte Ministerialdirigent: „Ich bin die schöpferische Pause in der Familie, aber meine Kinder zeichnen schon wieder".

Großmutter ging mit dem pensionierten Ministerialdirigenten spazieren. Er wies sie ein in Donndorf Vater und Donndorf Sohn. Der Schicksalsbrunnen in den oberen Anlagen war Donndorf Sohn. Das Schillerstandbild, dicht daneben, war Donndorf Vater. Auf dem Dach des Großen Hauses steht, unter neun Figuren im Halbkreis, eine Figur „Lyrik", das war Donndorf Vater.

Großmutter spazierte mit dem pensionierten Ministerialdirigenten hinüber zur Fürstengruft im Alten Schloß: Die Sarkophage von König Karl, Königin Olga, Herzog Eugen und Herzogin Wera, das war Donndorf Vater. Von ihm waren auch die zwölf Fassadenreliefs an der alten Landesbibliothek (1885), im letzten Krieg zerbombt, vier haben überlebt, zwei stehen heute als Denkmal im Fasanenhof, ein Relief ist Wandschmuck in der Cafeteria der neuen Landesbibliothek, eines ist in Ellwangen.

Von Donndorf Vater gibt es noch eine Menge Grabmäler auf dem Pragfriedhof und auf dem Uff-Friedhof (Freiligrath). Es

Der Schicksalsbrunnen beim Großen Haus.
Er stand lange Zeit neben dem Bühneneingang
Neckarstraße/Adenauerstraße,
wurde 1963 wegen Verbreiterung der Straße dort abgebaut
und 1968 auf der anderen Seite im Park wieder aufgebaut

gibt Gerettetes im Städtischen Lapidarium, es gibt Denkmäler in Weimar, Eisenach, Worms, Düsseldorf, Tübingen, Esslingen, Bonn.

Donndorf Vater, geboren in Weimar ausgebildet bei Rietschel in Dresden, war zwar von 1877 bis 1910 Professor an der Kunstakademie in Stuttgart, aber ein überall gefragter Mann. Er wurde Ehrenbürger von Weimar und Eisenach. Er liegt in Weimar begraben. Es war eine für Bildhauer besonders günstige Zeit. Donndorf Sohn hatte es da schon schwerer: 1870 bis 1941, vier verschiedene Regierungsformen, verschiedene kleinere Aufträge; Brunnen (Jünglingsbrunnen, Pallas-Athene-

Brunnen, Rotenbergbrunnen), Kriegerdenkmäler und Privates; Statuen, Gedenktafeln, Büsten (Nietzsche, Liszt, Leins, Sieglin, Zeppelin, Fischer).

Großmutter wußte es von Frau Mechthild Altemüller aus Ulm-Söflingen: „Am Schicksalsbrunnen hat auch der Bildhauer Karl Fanghänel mitgearbeitet. Der König soll gelegentlich mit seinen Spitzen vorbeigekommen sein und bei der Arbeit zugeschaut haben. So jedenfalls hörte es mein Vater einmal von Fanghänels Tochter, der im letzten Winter mit über 90 Jahren verstorbenen Helene Berger."

Großmutter wußte es von Donndorfs Enkel anders: Es war nicht Fanghänel, es waren die Bildhauer Richard und Willy Schönfeld. Karl Donndorf schaffte mal mit Fanghänel, mal mit den Schönfelds zusammen. Und Großmutter tat es immer leid, wenn sie anderer Leute Erinnerungen korrigieren sollte: Ob Fanghänel oder die Schönfelds. Wie wichtig ist das heute noch.

Der Schicksalsbrunnen wird von älteren Stuttgartern in Zusammenhang gebracht mit der ermordeten Kammersängerin Anna Sutter, was auch nicht stimmt, aber Großmutter wußte es von Herrn Wolfgang Becker: Wenn es nicht stimmt, woraus entstand dann dieses falsche Wissen? Und in wessen Auftrag und aus welchem Anlaß entstand überhaupt der Schicksalsbrunnen?

Das wieder wußte Großmutter von Donndorfs Enkel, dem pensionierten Ministerialdirigenten: Das Mißverständnis sei wahrscheinlich entstanden, weil die Grabfigur für Anna Sutters Grab auf dem Pragfriedhof auch vom Brunnenmacher Donndorf Sohn stammt.

Der König wünschte sich für das damals neue Theater einen neuen Brunnen, und wie Donndorf Sohn bei der Enthüllung (1914) sagte: „sollen die drei Bildwerke Ausdruck dessen sein, was in der Bühnenkunst sich abwechselnd darstellt; Freude, Leid, Glück; und in der Mitte die Schicksalsgöttin."

Auch die Inschrift auf der Brunnenmauer, „Aus des Schicksals dunkler Quelle rinnt das wechselvolle Los“, sei nicht von Hölderlin, wie oft behauptet wird, sondern vom Brunnenmacher selber, von Donndorf Sohn.

Gestiftet haben den Brunnen Moritz Marx und Georg Max Arnhold. Marx war Fabrikant (Mercedes-Schuhe, 1500 Arbeiter) und Konsul von Kuba. Er starb in den zwanziger Jahren. Seine Familie mußte vor den Nazis fliehen. Die Witwe lebte zuletzt in Zürich. Arnhold war württembergischer Konsul in Dresden. Der Schicksalsbrunnen überstand zwei Kriege. Er wurde 1963 wegen Verbreiterung der Neckarstraße, (später Adenauerstraße) abgebaut und 1968 in den Anlagen zwischen den Staatstheatern wieder aufgebaut.

Und Großmutter philosophierte den Donndorfs nach: Donndorf Vater, Donndorf Sohn, Donndorf Enkel. Und die Urenkel malen schon wieder. Und keiner konnte sich seine Zeit aussuchen.

Graf Eberhard und seine Denkmäler

Die meisten Stuttgarter wissen, daß es in Stuttgart zwei gegensätzliche Denkmäler von Graf Eberhard gibt: Das Eberhardsdenkmal im Hof des Alten Schlosses, 1859, Bildhauer Hofer, Bronze; und die Eberhardsgruppe neben dem Landespavillon, 1881, Bildhauer Müller, Marmor.

Schon das ist eine Geschichte für sich: Das Eberhardsdenkmal im Hof des Alten Schloßes stand ursprünglich im Hof des Neuen Schloßes, gefiel dort aber nicht, weil es den Grafen zu kriegerisch zeigte, hoch zu Roß und mit gezogenem Schwert.

Also verschwand der kriegerische Eberhard in den Hof des Alten Schloßes. Graf Eberhard im Bart war der letzte Graf und der erste Herzog von Württemberg. Er gründete die Universität in Tübingen. Zwei Jahre später entstand die friedliche Eber-

Der Stuttgarter Schreinermeister Maximilian Augsburger aus der Hospitalstraße stand Modell für Graf Eberhard (Denkmal im mittleren Schloßgarten, linkes Bild) und später auch für Herzog Christoph (Denkmal auf dem Schloßplatz, rechtes Bild)

hardsgruppe nach dem Gedicht von Justinus Kerner „Preisend mit viel schönen Reden“, wonach Graf Eberhard sein Haupt konnt kühnlich legen jedem Untertan in Schoß.

Großmutter kriegte wieder eine andere Geschichte heraus: Es gibt einen Wilhelm-Zimmermann-Geschichtsverein in Dettingen/Erms, der die Entstehung nach Kerners Gedicht nicht gelten läßt. Sondern: Die Eberhardsgruppe sei nach dem Gedicht „Graf Eberhard im Bart“ des Schriftstellers Dr. Wilhelm Zimmermann entstanden, nach dem in Stuttgart auch eine Straße benannt ist.

Großmutter tauchte unter und ging recherchieren: Es gibt in Stuttgart Mitte seit 1907 eine Zimmermannstraße, nach eben diesem Dr. Zimmermann: Friedrich Wilhelm Zimmermann, geboren 1807 in Stuttgart, gestorben 1878 in Mergentheim, 1847 Professor der Geschichte und der deutschen Literatur an der Polytechnischen Hochschule in Stuttgart; als Abgeordneter der Deutschen Nationalversammlung 1848 verlor er seine Stellung. Großmutter: Er fiel in Ungnade. Man hat ihm die Sympathie entzogen. Es könnte also schon sein, daß es bei der Eberhardsgruppe Vortäuschung falscher Tatsachen war.

Wenn man wiederum beide Gedichte vergleicht, würde man heute sagen: der Dichter Zimmermann hat vom Dichter Kerner abgeschrieben. Kerner schrieb sein Gedicht zuerst. Kerner (1818): „Preisend mit viel schönen Reden / Ihrer Länder Wert und Zahl / Saßen viele deutsche Fürsten/Einst zu Worms im Kaisersaal“. Zimmermann (1832): „Zu Worms im Kaisersaale / Rings saßen die Fürsten im Kreis / Und jeder rühmt heiter vom Mahle/Sein Land mit lautem Preis“.

Kerner macht es kurz. Graf Eberhard erzählt, Württemberg sei arm, aber es habe ein Kleinod: „Daß in Wäldern noch so groß / Ich mein Haupt kann kühnlich legen / Jedem Untertan in Schoß.“

Zimmermann macht ein Dramolett daraus. Eberhard erzählt: „Doch war ich einst verirret/Im dicksten Wald allein / Und unterm Sternenhimmel / Schlief ich ermattet ein / Da war es mir im Traume/Als ob ich gestorben wär / Es brannten die Trauerlampen / In der Totengruft umher / Und die Männer standen und Frauen / Tief trauernd um meine Bahr / Und weinten stille Tränen / Daß ich gestorben war / Da fiel aufs Herz mir nieder / Ein Tropfen heiß und groß / Und ich erwacht' und ruhte / In eines Bauern Schoß / Vom Holzbau wollt' er gehen / Spät abends heimatwärts / Und mein Nachtlager wurde / Ein württembergisch Herz.“

Großmutter fragte sich, welche Fassung sie als Denkmalmacher genommen hätte: Als Bildhauer Müller hätte ich gesagt, Kerner kann man aus Marmor klopfen. Zimmermann ist ein Lyriker, den muß man in Bronze gießen. Und der Waldarbeiter mit dem Hirtenstab in den mittleren Anlagen sieht aus wie Rex Gildo. Das ist auch richtig so. Wenn es zwei Gesichter sind, muß eines alt sein und eines jung, oder eines weiblich und eines männlich, sonst gibt es keine Spannung.

Großmutter hat noch etwas herausgekriegt: Das Modell für den Hirten war ein Herr Busse aus Hannover, ein Bruder des Kammerdieners von König Karl. Und das Modell für Graf Eberhard war der Stuttgarter Schreinermeister Maximilian Augsburger aus der Hospitalstraße, der später auch das Modell für das Herzog-Christoph-Denkmal auf dem Schloßplatz war.

Großmutter war wieder mal mit sich zufrieden.

Graf Taubenheim und sein Ferienhäusle in Degerloch

Großmutter spielte das gern: Häuser sammeln in Stuttgart und Fassaden absuchen. Und weil sie immer noch hinter Musils Adresse in Degerloch her war, entdeckte sie eine Villa, in der Musil gewohnt haben könnte: Obere Weinsteige 8, mit Rückfront zum Zahnradbahnhof. Die Neue Weinsteige war 1831 fertig. Dann entstand die Villa, 1837.

Und jetzt wird es interessant: Der Architekt war Dr. Karl Ludwig Wilhelm Zanth, später Hofbaumeister Dr. Ludwig von Zanth, der Erbauer der Wilhelma. Er baute zu der Zeit noch Villen und hatte kurz vor dieser Villa ein Häusle in Stuttgart-Bergheim gebaut, für den Dichter Friedrich Notter.

Der Bauherr in Degerloch war Graf Wilhelm von Taubenheim, Oberstallmeister der Könige Wilhelm I. und Karl, später Oberhofratspräsident und mit neunundvierzig schon Ehrenbürger von Cannstatt. Cannstatt hat eine Taubenheimstraße, nach eben diesem Ehrenbürger. Er war damals zweiunddreißig, als er sich das Häusle in Degerloch bauen ließ. Seine Stadtwohnung hatte er im Marstall, Königstraße 1.

1889, als Herr von Taubenheim bereits vierundachtzig war, tauchte ein neuer Besitzer der Villa auf, ein Kommerzienrat Otto Wanner. Er läßt umbauen und anbauen, und 1910/11 nochmal umbauen. Es dürfte also nicht mehr ganz die ursprüngliche Villa sein, aber in der Mitte glitzert sie noch pompejanisch, denn zwei Jahre vorher hatte Zanth mit einer Arbeit über Wohnhäuser zu Pompeji in Tübingen seinen Doktor gemacht.

Man bestätigte ihm für seinen pompejanischen Stil: „Er wußte bei diesen Bauten die antiken Formen vortrefflich den Bedingungen des nordischen Himmels und den Bedürfnissen des modernen Lebens anzupassen".

Überhaupt der Herr von Zanth: 1796 in Breslau geboren; sein Vater war Abraham Zadik, Hofarzt der Königin Katharina von Westfalen, einer Tochter des Königs Friedrich von Württemberg; 1820 zum christlichen Glauben übergetreten, von da an mit dem Namen Zanth.

Mit siebzehn kam er nach Stuttgart. Mit neunzehn schaffte er im Büro des Hofbaumeisters Fischer. Dann Schwäbisch Hall, Ellwangen, Paris, Italien. 1830 war er wieder in Stuttgart. 1834 ein Jahr in Ungarn: er baute dort für den Baron von Palochay ein ganzes Dorf nebst Kirche und Schloß. Dann das Wilhelmatheater in Cannstatt, 1839/40. Dann die Wilhelma, 1842–1853. Hofbaumeister, Kronorden, Personaladel.

Er baute sich mit der Wilhelma zu Tode, ging als kränklicher Mann noch zwei Jahre nach Rom, entwarf dort eine altchristliche Basilika für Stuttgart, kam zurück und starb 1857 in Stuttgart. Natürlich war Großmutter auch hinter den Entwürfen für eine Basilika in Stuttgart her. Und wo die hätte stehen sollen. Aber Großmutter fand nichts.

Dafür erfuhr sie von Frau Luise Münzel: „Wir wohnen nun schon fast 25 Jahre in diesem Haus und fühlen uns, wenn's mal ausnahmsweise auf der Neuen Weinsteige ruhig ist, wie die Taubenheims. Besitzer ist jetzt die Deutsche Bundespost. Das Schlößle, wie es bei den alten Degerlochern heißt, wurde 1978 renoviert und steht seitdem unter Denkmalschutz. Bewohnt wird es von drei Familien".

Und Frau Münzel wußte wieder etwas Aufregendes für Großmutter: Daß das Geländer auf dem Balkondach einstmals um den Galgen des Süß Oppenheimer gestanden hat oder haben soll.

Großmutter rief sofort den Stuttgart-Kenner Hermann Ziegler an. Er wieder wußte, daß das heutige Geländer auf dem Dach nicht mehr dieses Geländer sei, aber es habe dieses Süß-Oppenheimer-Geländer auf dem Dach gegeben. Es sei beim Stadtarchiv abgeliefert worden und irgendwo verschollen.

Dafür wußte Herr Ziegler wieder etwas anderes: Einer der Schlößlesbesitzer, Weinsteige 8, nach Graf Taubenheim, war der Chininfabrikant Jobst, der schon 40 Jahre vor Bosch eine Fabrik in Feuerbach hatte.

Und Frau Münzel wieder wußte: Die beiden Medaillons an der Rückfront des Hauses stammen von Thorwaldsen. Das eine Medaillon zeigt eine Jagdszene, das andere eine Ernteszene. Berthel von Thorwaldsen (1770–1844) war ein Bildhauer aus Dänemark, befreundet mit Schiller. Thorwaldsen schuf 1839, kurz nachdem die Taubenheim-Zanth-Villa in Degerloch entstand, das Schillerdenkmal auf dem Schillerplatz und wurde 1841 Ehrenbürger von Stuttgart. Darum hätte es für Großmutter wunderbar gepaßt, wenn auch Musil in diesem Häusle gewohnt hätte.

Wer war Herr Jobst?

Wenn nun also Musil in dem Schlößle Weinsteige 8 nicht gewohnt hatte, aber der Chininfabrikant Jobst: Wer war dann Herr Jobst? Großmutter hatte einen neuen Fall. Und eine Menge Bekannte, bei denen sie dauernd herumfragte.

Herr Dr. Walter Geiger schrieb Großmutter einen Brief und verwies auf den Hofrat Dr. Oswald Hesse, Verfasser der 1909 erschienenen „Geschichte von Feuerbach", Chefchemiker und Direktor der vormals Jobstschen Chininfabrik.

Herr Geiger: „Vormals deshalb, weil diese Fabrik 1886 mit der Chininfabrik Zimmer, Frankfurt, vereinigt und nach Frankfurt verlegt wurde. Von 1864 bis 1886 bestand die Jobst'sche Fabrik als einer der ersten von Stuttgart nach Feuerbach verlegten Betriebe in der unteren Stuttgarter Straße in der Nähe der heutigen Lederfabrik Roser."

Die Jobstsche Chininfabrik

Und: „Was in dieser Chronik nicht steht, ist die Tatsache, daß Stuttgart dem Namen Jobst eine noch heute bestehende Stiftung zu verdanken hat: das Rudolf-Sophien-Stift".

Auch Großmutters Bekannter Paul Nägele wußte etwas: Er besitzt eine Festschrift zum 100. Geburtstag des Firmengründers Fridrich Jobst, später Fridrich von Jobst, geboren 1786 in Stuttgart. Die Festschrift erschien also in dem Jahr, als die Fabrik nach Frankfurt verlegt wurde. Da war es schon die dritte Generation.

Der Vater des Gründers war Hoftanzmeister. Das fand Großmutter aufregend: Aus einem Hoftanzmeister wird eine Chininfabrik. Sohn Fridrich wurde zunächst Drogist. Nach der Konfirmation vier Jahre Lehrling in Stuttgart. Dann drei Jahre Nürnberg. Dort lernte er seine spätere Frau kennen, „deren Eltern ihm die Verwaltung ihres gesamten Vermögens anvertrauten".

Mit 20 Jahren hat er bereits sein eigenes Geschäft in Stuttgart, obwohl noch nicht volljährig. Mit 22 heiratet er. Mit 27 bezieht er sein erstes Fabrikle, Gartenstraße 29. Ab 1828 stellt er Chinin her. Als gelernter Drogist und Schwabe will er den Apotheken reinere, bessere und preiswertere Arzneien liefern.

Chinin, 1820 von einem Franzosen entdeckt, diente zur Behandlung von Malaria und als Herzmittel. Jobst machte Ratanhia in Deutschland bekannt, ein altes peruanisches Heil- und Zahnpflegemittel. Jobst stellte Morphium her für Operationen und Santonin gegen Schlangenbisse und Insektenstiche. Jobst war eine bedeutende Exportfirma. Großmutter: Damals waren Drogen aus Stuttgart, was heute Autos aus Stuttgart sind.

Beide Söhne waren mit im Geschäft: Fridrich Jobst junior und Carl Jobst. Fridrich junior stirbt 1858 auf einer Geschäftsreise in Mailand. Ein Jahr später stirbt der Vater, 73 Jahre alt, als Geheimer Hofrat Fridrich von Jobst.

Fridrich von Jobst mit Sohn Fridrich Heinrich.
Gemälde von K. Müller, 1854.
Großmutter: Damals waren Drogen aus Stuttgart, was heute Autos aus Stuttgart sind

Sohn Carl wird Chef. Er muß 1864 mit seiner chemischen Fabrik nach Feuerbach umziehen, gründet 1868 eine Filiale in Mailand, 1872 eine Bank, kauft 1879 auf Java 2000 Morgen Land, um die Chinarinden für sein Chinin selber zu züchten. Und jetzt ist schon wieder der Enkel mit drin, Alfred Jobst, der Sohn von Carl Jobst.

Fridrich von Jobsts Nachruf in der Festschrift von 1886 wurde in sechs Sprachen gedruckt: Deutsch, Französisch, Italienisch, Englisch, Griechisch und Russisch. Und Großmutter, die immer hinter Merksätzen her war, hat am meisten imponiert, was Herr Jobst für seinen Merksatz hielt: „Früh aufstehen. Keine Zeit vergeuden. Die Arbeit selber soll der Hauptgenuß sein".

Mit Leihgeld von Jobst wurde auch die Kuhnsche Maschinenfabrik in Berg gegründet. Großmutter: Und wer war Herr Kuhn?

Wer war Herr Kuhn?

Also war Großmutter wieder auf Suche. Sie fand einen Plakatentwurf des Stuttgarter Lithographen Moritz Schöllkopf, um die Jahrhundertwende: Die Kuhnsche Fabrik am Schwanenplatz. Irgendwas mit Kesseln, Kaminen, Rohren, Schornsteinen, aus denen es munter qualmte.

Es gibt zwischen dem Funkhaus und der Landesfrauenklinik eine Kuhn-Straße. Die Maschinen- und Kesselfabrik Kuhn stand nach Auskunft alter Berger zwischen dem Funkhaus und der Landesfrauenklinik. Das heutige Parkhotel war damals noch ein Ledigenheim des Vereins für das Wohl der arbeitenden Klasse.

Der Seniorchef war ein Kommerzienrat Gotthilf Kuhn, Sohn eines Schullehrers, geboren 1819 in Nürtingen. Er war Lehrling bei Schlossermeister Georg Hutzelsieder in Giengen an der Brenz. Und Großmutter fand das wieder aufregend: Aus Georg Hutzelsieder wurde eine Kesselfabrik.

Kuhn lernte weiter in München, Wien, Berlin, kam mit 33 Jahren nach Stuttgart und gründete in einem Bierkeller in der Stuttgarter Straße eine mechanische Werkstatt: Eine Dampfmaschine mit 6 PS, 18 Schraubstöcke, 30 Arbeiter.

Er vergrößerte: Eine Kesselschmiede, eine Gießerei, eine Dreherei, eine Spinnerei. Und stockte auf, von 30 auf 100 Arbeiter. Die mechanische Werkstatt brannte ab. Es entstand die Fabrik auf dem Schwanenplatz, 1859 mit 250 Arbeitern, 1900 mit 1300 Arbeitern. Aber das war schon wieder der Sohn: Kommerzienrat Ernst Kuhn. Der Vater starb 1890.

Großmutter hatte dann immer ihren philosophischen Satz: Die Zeit vergeht, und vieles geht verloren. Das Leben vergeht, und wird wiedergeboren. Tod ist Tod. Leben ist Leben. Du fragst warum? So ist es eben.

Die Kuhnsche Fabrik lieferte Einrichtungen für Brauereien, Brennereien, Elektrizitätswerke, Wasserwerke, Ziegeleien, Zuckerfabriken sowie Locomobile, Aufzüge, Straßenwalzen, Springbrunnen, Balkone. Vor allem stellte sie Dampfmaschinen und Dampfkessel her: „Ein eigenartiges Schauspiel war die Beförderung der riesigen Dampfkessel durch zehn bis vierzehn Pferde zum Cannstatter Güterbahnhof".

Die Arbeiter bei Kuhn hatten 1855 eine betriebseigene Krankenkasse, auch für ihre Familien, und es gab eine Art Prämiensparen. Dann kam das jähe Ende: Nach dem Tod des Kommerzienrats Ernst Kuhn, 1903, ging die Firma Gotthilf Kuhn an die Maschinenfabrik Esslingen über und wurde stillgelegt.

Die leere Fabrik soll im Ersten Weltkrieg Gefangenenlager für Franzosen gewesen sein. Die leere Fabrik stand sogar noch im Zweiten Weltkrieg, wie Melle Widmer, einst Kind in dieser Gegend, sich erinnerte. Vergangenheit stirbt schnell oder langsam. Großmutter war schon hinter einer neuen Sache her: Max Eyth, Ingenieur und Schriftsteller, studierte auf dem Stuttgarter Polytechnikum und schaffte anschließend vier Jahre bei Kuhn: Und dieser Eyth war für Kuhn als Werkspion in Paris!

Werbedarstellung der Maschinenfabrik Gotthilf Kuhn am Schwanenplatz

Großmutter: Die Arbeiter bei Kuhn hatten 1855 schon Prämiensparen

Max Eyth als Werkspion in Paris

Max Eyth, Ingenieur, Erfinder und Schriftsteller, geboren 1836 in Kirchheim/Teck, war von 1857 bis 1861 bei der Kuhnschen Maschinenfabrik. „Inzwischen zum ersten Zeichner aufgestiegen, erhält Eyth von Kuhn 1860 einen Geheimauftrag, eine Reise nach Paris, wo es Eyth gelingt, die berühmte, dort öffentlich zu sehende Lenoirsche Gasmaschine im Kopf fortzutragen."

Das wieder beschreibt Eyth selber so: „Im Frühjahr 1860 kamen die ersten Berichte über die Lenoirsche Gasmaschine aus Paris und veranlaßten nicht wenige Maschinenfabrikanten, sich auf dieses Gebiet zu wagen."

„Wir bauten im Fabrikhof eine fensterlose Bretterbude, zu der, nahezu bei Todesstrafe, niemand außer mir und zwei Monteuren Zutritt hatte. Dort wurde die Maschine zusammengestellt und in einer Sommernacht zum erstenmal versucht."

„Gasmaschinen jener Zeit mußten ein- oder zweimal von Hand gedreht werden, ehe sie in Gang kommen konnten, wobei wir nicht wußten, ob bei der zu erwartenden Explosion der eingesaugten Gase ein Druck von einer oder von fünfzig Atmosphären entsteht, ob die Maschinen sich wie eine tollgewordene Kanone oder wie ein toter Eisklumpen benehmen würden".

„Ich und einer meiner beiden Monteure waren bereit, uns zu opfern, und drehten das Schwungrad. Bei der zweiten Umdrehung sollte die Maschine zu laufen beginnen oder alles zertrümmern. Nichts dergleichen geschah."

„Bei der zehnten Umdrehung erfolgte ein furchbarer Knall. Die Maschine machte zwei zuckende Umdrehungen und blieb dann stehen, als ob nichts geschehen wäre. Alles weitere Drehen hatte keine anderen Folgen, als daß der ganze Fabrikhof nach Gas roch."

Max Eyth, Ingenieur, Erfinder, Schriftsteller.
Großmutter: So ein nobler Kopf. Und der war Werkspion

„Am folgenden Morgen bekam ich die Weisung, unverzüglich nach Paris zu reisen und die dortige Maschine, wenn irgend möglich, in Augenschein zu nehmen. So jung ich war in den Schlichen dieser Welt: Ich verstand meinen Herrn."

Paris, September 1860. Eyth: „Aus drei bis vier Tagen sind zehn geworden. Paris ist schön. Zweimal war ich im Louvre." Aber das war nicht sein Auftrag. Die Gasmaschine stand in der Rue Rousselet. Eyth: „Von einer Masse Neugieriger umringt, arbeitete die Maschine anstandslos. Ich sah nach kurzer Beobachtung, wo unser Fehler in Berg lag. Ich habe den Zweck meines Aufenthaltes mehr als genügend erreicht und trage die

Maschine im Kopf davon. Sie ist, wenn man will, glücklich gestohlen."

Dann schimpft er mit sich selber: „Ihr schüttelt den Kopf? Ich auch! Hat jeder Stand vielleicht seine eigene Ethik?" Später weiß er, „daß man Erfindungen nicht macht, indem man um die Buden anderer herumschleicht".

Die Reise nach Paris hat Fernweh geweckt. Eyth geht nach England, Ägypten, Amerika, Rußland und kommt vierzig Jahre später wieder nach Stuttgart. Mit einer landwirtschaftlichen Maschinenausstellung. Er wird vom König geadelt und Dr.-Ing. ehrenhalber der Technischen Hochschule Stuttgart.

Er zieht sich nach Ulm/Donau zurück und schreibt. Dort kennt ihn noch heute jeder Schüler als den Autor des „Schneider von Ulm". Großmutter: Und der größte See in Stuttgart heißt Max-Eyth-See.

Wirtinnen und Exzellenzen auf der Solitude

Daß die Weizsäckers mit den Boschs verwandt sind, wußte Großmutter von der Wirtin des Schloßhotels Solitude, von Frau Margarete Berendt. Und die Mutter von Frau Berendt hieß Paula Kerler. Und Paula Kerler war die erste Wirtin auf der Solitude. Es gibt eine Tonbandaufnahme von 1965: „Fünfzig Jahre Wirtin auf Schloß Solitude". Der Funkreporter David Sapper interviewte Paula Kerler. Sie hatte die zierlich helle Stimme einer Kindfrau. Und sie konnte so nett stöhnen: „Ob Se's glaubet oder net, s'isch g'wiiß wohr!"

Paula Kerler fing 1915 als Büffetfräulein auf der Solitude an. Und Paula Kerlers Großmutter brachte sie während eines Gewitters hinauf: „Lieber Gott em Hemmel, was dont mr au do!" Der neue Pächter war ein Hermann Kerler aus Gerlingen. Und sein Büffetfräulein war aus Weilimdorf.

1916 wurde elektrisches Licht eingebaut. Dann mußte Hermann Kerler Soldat werden. Sein Fräulein Paula schmiß den Laden. 1920 heirateten sie. 1923 wurde Tochter Margarete geboren. Paula Kerler über Hermann Kerler: „Er hot ausg'sehe für mi wie mit 70, aber er hot me dauert mit sei'm Fahrrädle; ond älle hent g'moint, Herr Kerler, Se könnet gar nix besser mache, als des Mädle heirate; ob Se's glaubet oder net, s'isch g'wiiß wohr."

Konfirmationen, Kommunionen, Geburtstage, Verlobungen, Hochzeiten, Jubiläen; sonntags die Ausflugsgäste, die mit dem Landauer kamen: „Zwanzig Gäul em Stall"; oder es regnete, und es kam niemand. „Lieber Hemmel, was hot mr net älles doa; mir hent g'schafft, was aus oim rausgange isch." Nach 20 Jahren Ehe der erste Urlaub, zwei Wochen Bodensee: „I han denkt, wenn e bloß versaufe däd, vor lauter Hoimweh."

Königin Charlotte, als sie Witwe war, sei immer am Todestag des Königs zum Mittagessen gekommen, vom Friedhof her in Ludwigsburg. Und einmal sei der belgische König mit Familie gekommen. Er habe sich zwar aus Brüssel angemeldet, aber die Anmeldung habe der Oberkellner verschlampt. Erst eine ältere Mitarbeiterin habe es gemerkt: „Paula, woisch au wer des isch?" „Ha noi." „Des isch der belgische Keenig!" Und der Kellner habe gesagt: „Dees isch koi Keenig. Bratwurst hent se b'stellt ond Pfannekuche". Und Frau Kerler habe gesagt: „No krieget se des au!"

Sie habe furchbar schimpfen können. Und ihr Mann noch mehr: „A millionisch grober Denger". Aber: „Es war a schees Haus. Wie gern han e do g'lebt ond g'schafft. Ob Se's glaubet oder net, s'isch g'wiiß wohr."

Im Mai 1982 war Großmutter dann von Frau Margarete Berendt zum Galadiner auf Schloß Solitude eingeladen. Das war nun die zweite Generation der Wirtinnen. Und weil Großmutter eine Stunde zu früh da war, ging sie zuvor auf das Solitude-Friedhöfle: Was für ein winziger, zärtlicher Friedhof. Keine Trauer und keine Angst. Und was für eine bunte Gemeinschaft an Gräbern: Soldaten der Kriege 1866 und 1870, als Schloß Solitude Lazarett war. Kleine Steinkreuze mit Namen wie Fuchs, Stückle, Meyer, Schneider, Bürkle. Keine Vornamen. Keine Daten. Es könnte der Friedhof sein, der in Thornton Wilders „Unsere kleine Stadt" vorkommt. Die Toten stehen neben ihren Grabsteinen, unterhalten sich und warten, bis jemand kommt. Aber man sieht sie nicht. Hier liegt auch John Cranko begraben.

Großmutter genoß diesen Abend. Sie war in Stuttgart oft unterwegs, abwechselnd zu verschiedenen Tageszeiten, und abwechselnd in jedem Stadtteil, aber wer fährt schon an einem frösteligen Maiabend zur Solitude hoch, es sei denn, er wohnt in der Gegend, oder er geht dort in die Kirche zum Konzert.

„Aber eben das sind die Bilder, die wir wenig kennen; und es gibt Farben, die gibt es nur abends; und dann der Blick in Richtung Ludwigsburg, abends um halb sieben; alles rauchblau und schon ein bißle müde; naß und stumpf, wie nach einem Regentag."

Großmutter saß dann im Barockspiegelsaal, original 1770, alles weiß, und der Parkettfußboden noch von damals. Nelken mit Schleierkraut und eine Kerze auf dem Tisch. Draußen verlöschte der Tag, drinnen begann er nochmal: Warme Blätterteighörnle mit Schinkenmousse gefüllt; Roulade von Barbarie-Ente mit Pilzen in Madeiragelee, kleiner Salat; Suppe von Bouillabaissefischen; Crêpinettes vom Lammfüßle auf Lauchragout; Rhabarbersorbet; Kalbsmedaillon und Kalbsbries mit frischem Basilikum, hausgemachte Vollkornspätzle; Spargelspitzen in flämischer Soße; angemachter Frischkäse mit Gartenkräutern, neue Kartoffeln, Nußbrot; Früchte-Charlotte mit Feingebäck. Und draußen war Vollmond. Großmutter dachte an die Wirtin Paula Kerler.

Großmutter saß jetzt neben der Tochter. Und wie Großmutter manchmal sein konnte, sie fing nochmal von dem Friedhöfle an. Sie hatte da auch ein Grab entdeckt: Ernst Freiherr von Weizsäcker, geboren 25. Mai 1882, gestorben 4. August 1951. Das war der Vater des heutigen Bundespräsidenten.

Der Großvater war Exzellenz von Weizsäcker, Ministerpräsident des Königs von Württemberg. Er hatte seine Sommerwohnung auf der Solitude. Und sein Nachbar war Exzellenz von Graevenitz, Adjutant des Königs. Auch mit Sommerwohnung auf der Solitude. Und Marianne Freifrau von Weizsäcker, die Mutter des Bundespräsidenten, war die Tochter von Exzellenz von Graevenitz. Und ihr Bruder war der Stuttgarter Bildhauer Fritz von Graevenitz. Und die Frau des Bildhauers brachte vier Töchter zur Welt. Und eine davon wurde die Frau von Robert Bosch. Das alles erfuhr Großmutter beim Galadiner auf der Solitude von Frau Berendt.

Großmutter: Solang wir leben, ist es Kindheit, Jugend, Sommerliebe, Herbstliebe. Und dann hat es sich schon wieder vermischt und verzweigt.

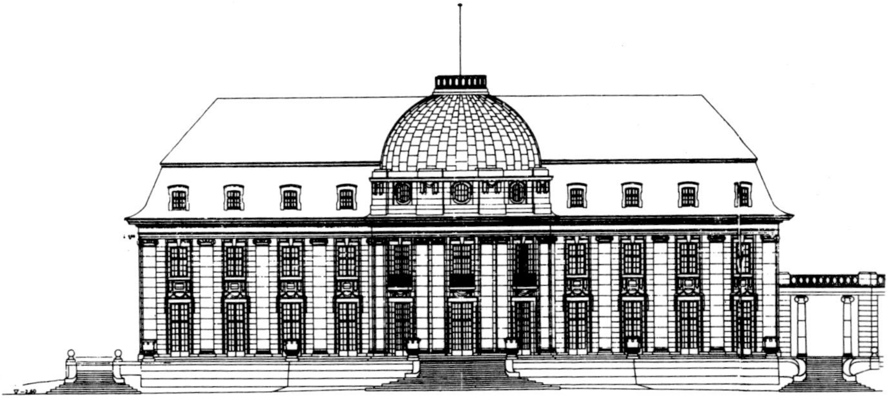

Die Villa Reitzenstein.
Amtssitz des Ministerpräsidenten von Baden-Württemberg
und Staatsministerium.
1911–1913 von den Architekten Hugo Schloesser
und Johann Weirether erbaut für die Verlegerstochter
(Hallberger, Gründer der Deutschen Verlags-Anstalt)
und Witwe des 1897 verstorbenen
Freiherrn Carl von Reitzenstein.
Es gab zu der Zeit etliche Baustellen:
Das Linden-Museum, das Kunstgebäude, die Markthalle,
die beiden Staatstheater, den neuen Hauptbahnhof,
aber eine Witwe ließ hier ein Haus bauen
mit einem Kuppeldach wie Schloß Solitude
und Schloß Hohenheim, das fiel auf.
Kaum war die Villa fertig, war sie Kriegslazarett 1914/18.
Nach dem Krieg war Kohlenmangel. Dann Inflation.
Die Villa ging an den Staat.
Großmutter: Eine Witwe ließ bauen.
Und es kam alles anders.

Häuser und Straßen
Und immer wieder Namen

Großmutter sammelte Namen, Villen, Mietshäuser, Straßen. Aus den Straßen wurden wieder Menschen. Aus den Menschen wurden wieder Namen: Jeder wohnt in einem Haus. Freiherr von Reitzenstein wohnte noch in der Königsstraße. Seine Witwe ließ die Villa Reitzenstein bauen. Mit 365 Räumen. Was hatte sie sich dabei gedacht? Sie kam nicht zurecht mit diesem Haus und verkaufte es wieder. Vielleicht wollte sie das so. Heute residiert dort die Landesregierung. Unser Ministerpräsident amtiert in einem Haus, das eine Dame bauen ließ.

Die schmalen Häuser der Altstadt früher, die Hochhäuser heute. Lauter Fenster, lauter Namen. Oder soviele Fenster, soviele Gesichter in einer Stadt. Stuttgart hat 60 Stadtteile, die alle einmal eigene Ortschaften und Dörfer waren. Dazwischen entstanden Industriesiedlungen. Zunächst auf der grünen Wiese. Das ist alles zusammengewachsen, nicht von innen nach außen, sondern von außen nach innen. Aber wen interessiert das noch, von wo nach wo. Die Namen sind geblieben. Wie schön.

Großmutters Lieblingsgarten: Das Lapidarium

Einer der schönsten Gärten in Stuttgart, mit 300 Antiquitätle, ist das Städtische Lapidarium, Mörikestraße 24. Es ist der frühere Garten von Gustav Siegle, angrenzend an den Garten der Villa Gemmingen. Und die 300 Antiquitätle sind: Steine mit Inschriften, Bauplastiken und Architekturteile verschwundener Häuser in Stuttgart, Originale und Nachbildungen von Dannecker und anderen; Büsten, Medaillons, Grabplatten; und ein Wandelgang mit 200 römischen Fundstücken zusätzlich.

Großmutter: Eigentlich müßte man sich ein Vesper im Korb mitbringen, und eine Flasche Württemberger, und sich auf die Wiese hocken oder in den Schatten, so romantisch ist dieser Garten, und so voller Patina, und jedes Antiquitätle hat seine Geschichte.

Beispielsweise das Wirtshausschild des Gasthofs „Zum König von Würtemberg". Württemberg noch mit einem „t". Den Gasthof hat der Hofbaumeister Reinhard Ferdinand Heinrich Fischer gebaut, Ecke Kronprinzstraße und Lange Straße, vor 200 Jahren. 100 Jahre lang, bis 1941, gehörte das Haus der Bürgergesellschaft.

Oder die Gründungstafel des Bebenhäusener Hofes, 500 Jahre alt. Dieser Hof in Stuttgart gehörte zum Kloster Bebenhausen. Die Tafel hängt in einer so versponnenen Ecke, daß man denkt, es sei der Hoppenlaufriedhof. Reste vom Alten und Neuen Lusthaus, Reste vom Palmschen Schlößle in Mühlhausen, oder ein Löwenkopf vom alten Katharinenstift, in dem auch mal Süß-Oppenheimer gewohnt hat.

Und das wäre die nächste Geschichte: Das verwunschene Leben des Süß-Oppenheimer und die Geschichte des Katharinenstifts, mit den „Laubfröschle“ und Mörike als Lehrer, vereint in einem Löwenkopf.

Ein Orpheus in Bronze, ein Orpheus als Mosaik, eine Flötenspielerin in Marmor, der Apollo von Belvedere, Danneckers zahllose Nymphen; Bismarck und Moltke; Taufsteine, Schlußsteine, Wasserspeier. Großmutter: Was könnte man da für einen prächtigen Film drehen.

Die Reste eines Grabsteins für die neunjährige Tochter des Staatsministers von Üxküll und seiner Frau. Ein Grabstein von 1624 für den neunjährigen Sohn des Bürgermeisters David

Das Städtische Lapidarium in der Mörikestraße

Bunz und seiner Frau. Zwei Kinder mußten sterben. Der Bürgermeister konnte seinem Sohn nicht helfen, und der Staatsminister seiner Tochter nicht. Eine Siegesgöttin, Wappen, Säulen, Efeu, Rosen.

Eine Schale aus sibirischem Japsis für Königin Olga von ihrem Vater, dem Zar von Rußland zum Einzug in die Villa Berg. Der Schliff der Schale dauerte zwei Jahre, von 1850 bis 1852. Der Zar in Moskau. Die Tochter in Stuttgart. Die damals neue Villa Berg. Zwei Jahre an einer Schale schleifen. Und jetzt steht sie im Lapidarium. Zunftzeichen, Konsolen; Geschützkugeln, als man noch mit Steinen schoß.

Eine Inschrift vom Esslinger Hof in Cannstatt, 1589: „Der Sage nach soll hier eine fromme Jungfrau gewohnt haben, die unschuldig zur Strafe des Rads verurteilt wurde. Als man sie hinrichten wollten, kam ein Gewitter auf, und ein Blitz zerbrach das Rad".

Großmutter: Hier fällt einem Musik ein von Pergolesi bis Henze. Mit den Fingerspitzen Vergangenheit berühren. Wenn es regnete, ging Großmutter ins Aquarium der Wilhelma, dort war jeden Tag Karneval von Rio für sie, oder sie ging zum Friseur, oder sie ging ins Leuze. Wenn aber die Sonne schien, war Großmutter im Städtischen Lapidarium.

Die Villa Gemmingen und das Teehaus auf der Karlshöhe

Die Villa Gemmingen gibt es noch. Das Teehaus auf der Karlshöhe gibt es nicht mehr. Großmutter hatte zwei Fotos vor sich liegen: die Villa Gemmingen heute, durch den Eingangsbogen vom der Mörikestraße her gesehen, es könnte eine Villa in Rom sein oder in Jugoslawien an der Adria; es ist aber nicht Rom, es ist auch nicht Jugoslawien, sondern es ist Stuttgart, mitten in der Stadt, Mörikestr. 12, die Villa Gemmingen.

Die Villa Gemmingen, heute Landesdenkmalamt

Das andere Foto war von 1909: das verschwundene Teehaus der Frau Julie Siegle, Witwe von Gustav Siegle. Und Gustav Siegle wieder ließ die Villa Gemmingen für seine Tochter Dora bauen, als diese den Freiherrn von Gemmingen heiratete. Großmutter hörte oft von dem verschwundenen Teehaus der Witwe Siegle, aber sie konnte sich wenig darunter vorstellen, bis ihr Herr Ulrich Commerell weiterhalf. Herr Commerell war beim Eugen Ulmer Verlag in Hohenheim. Es

Das Teehaus der Frau Julie Siegle, oberhalb der Villa Gemmingen. Dieses Teehaus gibt es nicht mehr

war ein Foto aus dem Buch „Gustav Siegle, ein Lebensbild von R. Piloty“.

Bis 1977 war die Villa Gemmingen Polizeipräsidium. Dann zog die Polizei in das Robert-Bosch-Krankenhaus am Pragsattel. Und das Robert-Bosch-Krankenhaus zog um in einen Neubau oberhalb des Pragsattels. Und in die Villa Gemmingen zog das Landesdenkmalamt. Großmutter kannte den Chef des Landesdenkmalamts, Herrn Professor Dr. August Gebeßler.

Und sie gönnte es ihm: Denkmalsleute sind so nette Leute wie die Leute in den Bibliotheken; wie Restauratoren und Konservatoren; sie gehören zu den Künstlern.

Die Villa Gemmingen war 1911 fertig. Der Kommerzienrat und Industrielle Gustav Siegle, einer der Gründer der BASF, wohnte in der Nähe. Sein Wohnrevier war das heutige Städtische Lapidarium, sowieso Großmutters Lieblingsgarten. Und Großmutter wußte eine Gartenpforte zwischen der Villa Gemmingen und dem Städtischen Lapidarium, da konnte man Tag und Nacht durchkommen. Wenn Großmutter gewollt hätte.

Herr von Gemmingen war Hofmarschall. Dem Kommerzienrat Siegle gehörte die halbe Karlshöhe. Daher auch das Teehaus für seine Frau. Architekt der Villa Gemmingen war Albert Eitel. Er hatte das Schauspielhaus in der Kleinen Königstraße gerade fertiggebaut. Und er baute so ein bißle die Schlösser von Carl Eugen nach, mit den Kuppeldächern. Nun baute er die Villa Gemmingen.

Und als die Villa Gemmingen fertig war, ließ die Witwe von Reitzenstein auf der gegenüberliegenden Seite von Stuttgart ihre Villa Reitzenstein bauen. Auch mit Kuppeldach.

Beide Villen, Gemmingen und Reitzenstein, wurden nach dem Ersten Weltkrieg verkauft. Beide Villen waren später NS-Dienststellen und nach dem letzten Krieg zunächst Besatzungsdienststellen.

Julia Hauff und die Villa Hauff

Großmutter kannte Fräulein Julia Hauff, geboren am 19. Juli 1900, die letzte der Familie Hauff aus der Villa Hauff. Julia Hauff nannte sich ihr ganzes Leben lang stolz Fräulein. Und Julia Hauff wieder kannte den Grafen Zeppelin, Daimler, Humperdinck und den „Seeteufel“ Graf Luckner. Robert Bosch ging oft mit ihrem Vater spazieren.

Julia Hauff ist in der ehemaligen Villa Hauff aufgewachsen, heute Jugendhaus Stuttgart-Ost. Großmutter über Julia Hauff: Vertraute Häuser werden in der Erinnerung kleiner, aber jetzt, wo es nicht mehr ihr Elternhaus ist, hat sie sich daran gewöhnt. Julia Hauff: „Kleiner wird es nicht mehr."

Im Herbst 1904 zog die Familie dort ein. Sie waren vier Kinder: Johanna, Regina, Julia, Albrecht. Die Mutter: Maria Regina Hauff, geborene Freiin Koenig-Warthausen. Der Vater, Dr. Fritz Hauff, hatte eine Fabrik in Feuerbach; fotochemische Produkte, Fotoplatten, Röntgenfilme; 24 Angestellte, sieben Chemiker, 200 Arbeiter, männliche und weibliche, und vor 80 Jahren schon eine Betriebskantine.

Fräulein Julia Hauff war verwandt mit dem schwäbischen Dichter Wilhelm Hauff und von der mütterlichen Linie her mit dem russischen Dichter Michail Jurjewitsch Lermontow. Das war die Urgroßmutter von Julia Hauff, Alexandra Michailovna Vereschtschagina, eine Cousine Lermontows, die vor 150 Jahren in Paris den Baron Karl von Huegel aus Stuttgart kennenlernte. Sie liegt auf dem Hoppenlaufriedhof begraben.

Wegen dieser russischen Urgroßmutter war vor Jahren ein Leninpreisträger in Stuttgart, ein Professor Iraklij Luarsabovitsch-Andronikov, der in Moskau ein Lermontow-Museum einrichten will. Zu der Zeit lebte Julia Hauffs Schwester Regina noch. Der Professor wollte den beiden Damen zwei Familienporträts abkaufen. Julia Hauff hielt eine winzige Rede: „Das bedrückt uns sehr. Wie soll man einen Preis festlegen für etwas, was dem Herzen so teuer ist. Es gibt etwas, für das man kein Geld nehmen kann: Das Gewissen. Darum schenken wir Ihnen die Porträts. Wenn Sie die Bilder in das Museum geben, so sagen Sie in Moskau, daß zwei Stuttgarterinnen bitten, die Bilder als Zeichen dafür entgegenzunehmen, daß zwischen unseren Völkern immer Einverständnis und Freundschaft bestand." So beschrieb es der Professor hinterher in Moskau.

Julia Hauff: „Die Russen können sehr liebenswürdig sein. Und er war es tatsächlich". Und Großmutter wieder imponierte der Satz: „Es gibt etwas, für das man kein Geld nehmen kann: Das Gewissen", weil das Bildung sei, nicht Wissen, sondern Gewissen, die Summe von Wissen, wenn Wissen gut angelegt ist.

Julia Hauff erzählte sprühend und koboldhaft wie eine Kindfrau. Was sie nicht beantworten wollte, hatte sie einfach vergessen. „Es war ein wunderbares Haus. Das Wohnzimmer mit Blick in die Stadt hinunter. Und voller Bilder an den Wänden. Ihr Schimmel im Garten, eine verwunschene Höhle, ein Geisterhaus, ein Geisterturm, „überall hat es gespukt". Eines der ersten Autos in Stuttgart: „Die Mutter fuhr noch ohne Führerschein. Der Vater ließ den Gärtner auf Chauffeur umschulen".

Das Dritte Reich. Die Eltern wurden müde. 1934 starb die Mutter: „So tapfer wie sie möchte ich auch sterben". Der Vater starb ein Jahr später. 1939 mußten die Kinder die Villa räumen: „Schikanöse Auflagen. Man zwang uns, zu verkaufen. Wir hatten nicht die Ellenbogen. Wir sind anders erzogen worden". Julia Hauffs Großmutter war Malerin. Julia Hauff selber wurde Bildhauerin, studierte in Stuttgart, und in Berlin bei Georg Kolbe. Ihr langes Leben verdanke sie der Kunst: „Kunst ist auch Energie. Und ich bin ein halber Doktor".

Die Villa Hauff ging an die SS. Dann wurde sie von den Marokkanern besetzt, dann von den Amerikanern. 1952 wurde sie ein Jugendhaus. Julia Hauff wohnte ein paar Straßen dahinter, nun als die letzte der Hauffs: „Blumen und Pferde sind immer noch mein Leben".

Und Großmutter wußte etwas, was nur wenige wissen: Julia Hauff schlief in dem Bett, in dem sie zur Welt kam und in dem ihre Mutter starb. Julia Hauff hat Großmutter das Bett mal gezeigt: Ein breites Bett aus rohem Holz. Das ist Leben.

Frau Engelhorns Dachgarten

Großmutter hatte wieder eine hübsche Stuttgart-Geschichte erfahren, von Herrn Ulrich Frank-Planitz, dem Chef der Deutschen Verlags-Anstalt (DVA). Und er wieder kannte das aus einem Buch von Adolf Spemann, „Menschen und Werke". Herr Spemann war der letzte Verleger des Stuttgarter Engelhorn Verlags, der 1956 an die DVA ging. Es ist die Geschichte zweier Häuser und einer herzkranken Frau. Großmutter: Eine Reicheleutegeschichte.

1894 zog der Verlagsbuchhändler und Kommerzienrat Karl Engelhorn in das Haus Silberburgstraße 189. Das Haus steht noch am steilsten Teil der Silberburgstraße, am Silberbuckel.

1901 kaufte Karl Engelhorn das Grundstück daneben und ließ dort für den Verein Stuttgarter Volksbibliothek eine Bücherei bauen. Kosten 80 000 Goldmark. Architekten: Eisenlohr & Weigle, die zuvor am Wettbewerb für das damals neue Stuttgarter Rathaus teilgenommen hatten. Jetzt wurde es quasi das kleine Rathaus.

Aber das war nicht der springende Punkt. Sondern: „Auf dem Dach des Gebäudes ist für den im Nebenhaus wohnenden Stifter ein Lustgarten angelegt, der durch eine massive Brücke mit der auf gleicher Höhe liegenden Wohnung verbunden ist."

So steht es in der Chronik der Stadt Stuttgart. Und privat bei Adolf Spemann: „Dieser Dachgarten wurde nun von Frau Engelhorn mit aller Liebe gepflegt und bebaut. Der Boden wurde gegen die darunterliegende Bibliothek isoliert. Humus wurde hinaufgeschafft und im Laufe der Jahre entstand so allmählich dort oben ein kleines Stück Naturersatz, wo die von allen, die sie kannten, sehr verehrte Frau beinahe 40 Jahre lang ihr stilles Leben gelebt hat, während der Mann im Geschäftsbetrieb und in Ehrenämtern aufging oder monatelang in Cannes weilte."

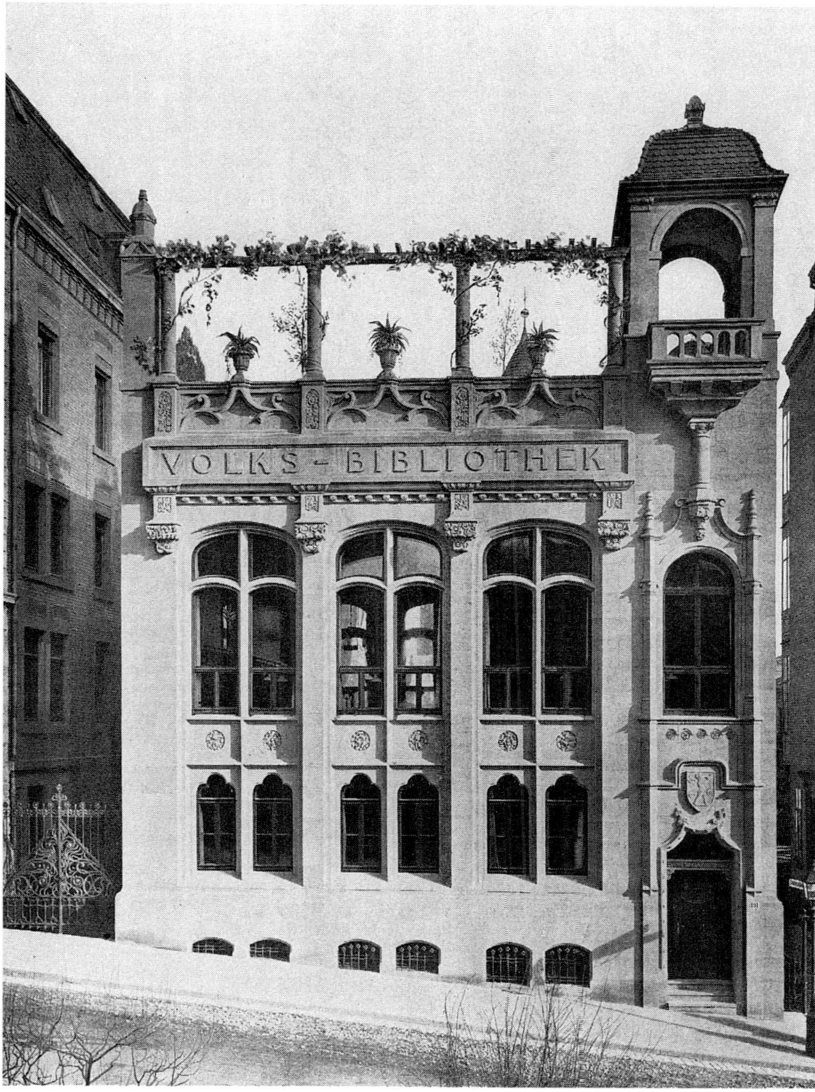

Frau Engelhorns Dachgarten, Silberburgstraße 189, über der Volksbibliothek, heute Stadtarchiv

Es war die Zeit, in der auch der Stuttgarter Hofrat Dr. Ernst Wilhelm von Sieglin seiner Frau das Teehaus im Park der Villa Weißenburg bauen ließ, mit einem Marmorsaal unter dem Tennisplatz, weil er Ägyptenforscher und auch nie daheim war. Das schlechte Gewissen vermögender und umtriebiger Männer.

Adolf Spemann: „Als Frau Engelhorn 1937 hochbetagt starb, ließ es sich nicht länger verschweigen, daß die obere Decke der Volksbücherei völlig naß war." Die Wurzeln der Bäume auf dem Dachgarten wuchsen zum Lesesaal durch.

Auch das erledigte sich. Im letzten Krieg wurde das Haus zerbombt. Heute ist es das Stadtarchiv, auch wieder mit Lesesaal im ersten Stock, aber mit einer schlichten Wiederaufbaufassade, ohne Gotik und Renaissance. Und ohne Dachgarten.

Die Königstraße vor 100 Jahren

Wo vor 100 Jahren der Graf von Taubenheim wohnte, ist heute die Deutsche Presseagentur. Wo vor 100 Jahren ein Johann Kortler, Hühneraugenoperateur, seine Praxis hatte, ist heute der African Safari Club. Großmutter: Es paßt so nett zu damals wie zu heute. Es ist der Reigen der Zeit.

Großmutter hatte zwei Adreßbücher nebeneinanderliegen: Königstraße 1883, Königstraße 1983. Königstraße 1, beim Hauptbahnhof, war der Marstall, die alte Kaserne. Heute: Das Schloßgartenhotel, ein Hochhausblock mit Büros und Geschäften, und eine Tiefgarage.

Königstraße 3 war zweimal Hallberger und zweimal Faber du Faur. Ein Hallberger war Offizier, der andere war Verlagsbuchhändler. Der Verlagsbuchhändler gründete die Deutsche Verlagsanstalt. Königstraße 4 wohnte der Finanzminister. Königstraße 5 war Freiherr von Reitzenstein. Seine Witwe ließ

Die Hallbergersche Verlagshandlung in der Königstraße nach ihrem Umbau 1883

die Villa Reitzenstein bauen, droben beim Bubenbad. Königstraße 7 war die Eberhardskirche. Dort steht sie heute noch. Großmutter: In den zwanziger Jahren sollte sie einen neuen Turm kriegen, so hoch wie der Bahnhofsturm.

Das Haus neben der Eberhardskirche war Offizierskasino, also die Leutnants neben den Priestern. Dann wurde aus dem Offizierskasino der Olgabau. Heute ist es die Dresdner Bank. Aus des Königs Offizieren wurde ein Geldinstitut.

Haus 10 war Geheimrat von Mohl. Die Mohls waren Gesandte, Schriftsteller und Orientalisten. Heute: Europa-Apotheke, Fotoautomaten, Mode. Königstraße 11 waren die Gebrüder Levy, Putzfourniturenhandlung. Heute: Commerzbank. Haus 12 war die Forstdirektion mit Kunstgewerbeschule. Heute: Koffer und Reisen.

Haus 17 war Weises' Hofbuchhandlung. Das ist es heute noch. Dazugekommen sind: das Kabarett „Renitenztheater", ein Chinarestaurant, zwei Tanzschulen und eine Versandfirma für Linkshänder. Haus 19 war der Hofkunsthändler Autenrieth. Heute: Fischer, internationale Damenmoden.

Haus 20 war die Zeitungsredaktion Schwäbischer Merkur. Es gibt ein Redakteurfoto von damals: lauter ältere Herrn, jeder guckt wie ein Nobelpreisträger. Heute: Reisebüro Rominger, zwei Kinos, Generalkonsulat für Portugal.

Königstraße 22 war das Hotel Marquardt, noch mit Gästen wie Richard Wagner. Heute Marquardtbau, „Komödie im Marquardt", zwei Kinos, Modeateliers, die Pakistan Airlines und die India Airlines. Großmutter: Jedes Haus ist voller Adressen.

Königstraße 30 war das Kronprinzenpalais. Heute: Kleiner Schloßplatz, Buchhandlung Wittwer, Deutsche Pfandbriefanstalt. Haus 36 und 38 waren der Große Basar. Heute: Generalkonsulat von El Salvador, Belgische Fluglinien, Teilzeit GmbH. Im Haus 42 wurde der Verleger Cotta geboren. Heute: Sportartikel, Briefmarken. Königstraße 44 ist auch heute noch das „Stockgebäude". Früher war es die Königliche Kanzlei, dann das Autobahnamt. Und in einem alten, gewölbten Weinkeller kann man Bademoden kaufen.

Haus 60 waren die Gebrüder Levi, Uhren. Heute: Bausparkasse Wüstenrot. Uhren gibt es heute auf der Königstraße in den Warenhäusern, spottbillig und wunderbar präzise aus Fernost. Großmutter: Und jedes zweite Geschäft ist ein Schuhgeschäft. Es ist alles ein bißle durcheinandergeraten in 100 Jahren. Es waren adelige Fräuleins, Professoren, gehobene Witwen, Hoflieferanten von Edelstein bis Laugenbrezeln. Man müßte das mal Haus für Haus auflisten. Die Patina ist noch da.

Die obere Neckarstraße und die feineren Leute

Großmutter fragte: „Was hat die Neckarstraße mit der Schlacht von Stalingrad zu tun?" Großmutter wußte es von Frau Hildegard Gehrer, Weinstadt-Beutelsbach: „In der Stuttgarter Neckarstraße 18 A wohnte von 1928 bis 1931 der Hauptmann Friedrich Paulus, später Generalfeldmarschall, mit Ende in Stalingrad. Er war der Oberbefehlshaber der verlorenen Schlacht." Und Frau Gehrer wußte das, weil sie als junge Dame in der Neckarstraße 18 B wohnte, direkt daneben. Ihr Vater war Hofbediensteter, dann Steueroberwachtmeister.

Haus 18 B war das Finanzamt Stuttgart-Ost. Haus 18 A war die Wehrkreisverwaltung mit Wohnungen für Ritter von Molo, Hauptmann Paulus und Katherina Rosetti-Solescu, General-

Die Reithalle von Salucci, Neckarstraße 1, 1958 abgebrochen wegen Verbreiterung der Straße

konsulswitwe. Hauptmann Paulus war mit einer Rumänin verheiratet, Elena Rosetti-Solescu. Die Generalkonsulswitwe könnte also die Schwiegermutter gewesen sein. Neckarstraße 18 A und 18 B waren die Häuser neben den Schiedmayer-Häusern, die Mitte der achtziger Jahre abgerissen wurden. Das wieder hat Großmutter neugierig gemacht, wer zu Zeiten von Hauptmann Paulus in der Neckarstraße gewohnt hat. Heute heißt der obere Teil Konrad-Adenauer-Straße.

Die Neckarstraße begann beim Charlottenplatz und reichte bis Berg. Neckarstraße 1 war die Reithalle von Salucci, die 1958 abgebrochen wurde. Neckarstraße 2, vis-à-vis, war das Wilhelmspalais, wo Stuttgarts letzter König wohnte und 1918 abdankte. Heute Stadtbücherei.

Staatsarchiv, Landesbibliothek, Staatstheater, Staatsgalerie, das ist in etwa so geblieben, wenn auch mit neuen Gebäuden. Großmutter: Früher waren es noch das Naturalienkabinett, die Münzsammlung und die Münze neben dem Katharinenstift. In der Staatsgalerie hatte Professor Alex Eckener sein Maleratelier. In Haus 5, neben dem Theater, wohnten der Generalintendant Albert Kehm und der Kunstmaler Karl Purrmann.

Dann wurde es interessant: Ein Wohnhaus gehörte Frau Klara Hermann in Tokio. Drei Häuser gehörten der Witwe Christine Hauff. Haus 20 und 22 gehörten der Witwe Mercedes Forster. Haus 24: Lina Crailsheimer, Geheimratswitwe. Haus 29: Hedwig Busl, Privatierswitwe. Haus 36: Witwe Adolfine Nieffer. Haus 46: Witwe Marie Bossert. Haus 49: Ellen Hermann, Majorsgattin in Berlin. Haus 61: Witwe Emilie Wolff. Großmutter: Die Neckarstraße war eine Witwenversorgungsecke. Die Männer ließen Häuser bauen. Dann starben sie. Ein schöner Tod.

Haus 61: Witwe Emilie Wolff, war ein Künstlerhaus: Lilli Grethe, Kunstmalerswitwe; Professor Albert Häberle; Ernst

Gräser; Marie Lautenschlager; Wilhelm Stillhammer; Hugo Klingemann; August Hirsching; alles Kunstmaler.

Neckarstraße 67 wohnte Professor Bernhard Pankok. Haus 75: Isidor Gottlieb in Wien. Haus 90: Petronella Schumm, Kaufmannswitwe. Haus 130: Luise Luckert, Witwe und Schankwirtin. Haus 139: Witwe Mathilde von Maur. Haus 176: Marie Pfeiffer, Gußputzerswitwe. Haus 214: Wilhelm Adam in New York. Haus 246: Emilie Gauger in Philadelphia.

Zwei Häuser gehörten Bierbrauern. Etliche Häuser gehörten dem Grafen von Urach. Dann die Deutsche Verlagsanstalt, wie heute noch. Haus 230 war die Stadthalle, heute Funkhaus. Großmutter: Und nicht zu vergessen, die alte Rollschuhbahn. Das war wieder eine Geschichte für sich.

Die untere Neckarstraße und die Rollschuhbahn

Großmutter wußte, daß die feineren Stuttgarter die alte Neckarstraße nur vom Wilhelmspalais bis zum Neckartor gelten ließen: Dahinter begann praktisch Berg, Arbeiter- und Barakkengegenden, Kuhnsche Maschinenfabrik, Ledigenheim, Stadthalle; wie die obere und die untere Königsstraße, mit Bruch am Schloßplatz.

Großmutter kam im Leuze mit einem Herrn ins Gespräch, der noch eine andere Version wußte: Um das heutige Arbeitsamt herum sollen früher viele Lehrer der Waldorfschule gewohnt haben. Lauter Hinweise, die Großmutter ständig neugierig machten.

Großmutter wußte auch von der früheren Rollschuhbahn: Etwa in Höhe der heutigen Polizeidirektion. Vis-à-vis davon. Es ist die Straßenbahnhaltestelle Metzstraße. Großmutter als Straßenbahnfahrerin: Dort steigen immer zweierlei Leute aus oder ein, Polizisten oder Funkleute. Und sie versuchte immer an den Gesichtern abzulesen, ob Polizei oder Süddeutscher Rundfunk.

Und eben dort wurde am 26. November 1910, in der Neckarstraße 208, die „1. Stuttgarter Rollschuhbahn“ eröffnet, mit den Prädikaten von damals: „Größtes und vornehmstes Sportetablissement am Platze, Deutschlands schönste Rollschuhbahn, Bauherr und Besitzer Conrad Baumann, 1500 Quadratmeter Lauffläche.“

Und: „Herr Conrad Baumann hat nicht nur daran gedacht, um die riesige Lauffläche gemütliche Sitzgelegenheiten und Balkongänge anbringen zu lassen sowie eine Musikbühne, ein Weinrestaurant und ein Café mit einrichten zu lassen, er hat auch für einen mit allen Geräten und medizinischen Apparaturen ausgestatteten Operationsraum sorgen lassen, damit bei Verletzungen sofort an Ort und Stelle geholfen werden kann.“

Die Rollschuhbahn war geöffnet täglich von morgens halb elf bis mittags um eins, dann wieder von halb vier bis abends um elf. Ab mittags um vier war Konzert. Großmutter: Rollerdisco vor achtzig Jahren.

Der Betreiber hatte offenbar drei Zielgruppen im Blick: erstens die Vereine; „1911 wurde der Rollerclub Schwaben gegründet; Kunstlauf und Schnellauf; der englische Trainer Kuny Hamilton brachte die Stuttgarter Rollhockeymannschaft in Form.“ Aus dem Rollerclub Schwaben wurde der Schlittschuh- und Rollersportclub.

Die zweite Zielgruppe waren die Schulkinder, deren Eltern und das bürgerliche Publikum: „Schülervormittage, Schülernachmittage; Reigen, Solo, Paare; Unterricht im Rollschuhlaufen erteilen erfahrene Lehrer und Lehrerinnen.“ „Abendprogramm für Erwachsene: Fräulein Grodon aus München und Herr Rumpel aus Berlin zeigen im Kürlauf, was alles auf Rollschuhen möglich ist.“ Ein anderer Gast, ein Herr Molchow, „schlängelte sich beim Lichtertanz in winzigen Bögen durch ein

Meer von Lichtern, umkreiste sie schnell und gewandt". Weihnachten war „Kinderpreislaufen". Es gab Reifenlaufen, Eieraufsammeln, Äpfelaufsammeln.

Die dritte Zielgruppe waren die gehobenen Kreise: „Jeden Donnerstag war Offiziersabend, oft in Anwesenheit seiner Majestät, König Wilhelm II.; alle zwei Wochen war Galaabend mit Sekt." Dann war die Halle mit Tischen und Stühlen vollgestellt. Ab 1914 kamen die Offiziere kaum mehr. 1922 wurde die Halle verkauft. 1944 wurde sie zerbombt.

Die Gegend Gänsheide

Großmutter, die viel spazierenging, in immer wieder anderen Stadtteilen, entdeckte ein Haus, das aussah wie ein Renaissanceschlößle: Das Haus der Burschenschaft Hilaritas, Stafflenbergstraße 66, unterhalb der Villa Reitzenstein. Großmutter entdeckte auch ein Haus hinter dem Schlößle, und sie kriegte auch heraus, was das ist: Die Akademie der Diözese Rottenburg und der katholische Bischofssitz in Stuttgart, Im Schellenkönig 61. Großmutter: Hier wohnt der Herr Bischof, wenn er in Stuttgart ist. Insofern ist das auch ein Schlößle.

Und jetzt wurde es pikant für Großmutter: Die Burschenschaft Hilaritas hat als Zeichen einen Drachen, der auch die Wetterfahne über dem Türmle ziert. Von unten sieht das aus wie eine Katze, die einen Buckel macht. Es ist aber ein Drache. Und der Drache guckt dem Bischof ins Fenster. Und links neben dem Drachenschlößle steht die Akademie der evangelischen Kirche. Und je nach Wind guckt der Drache auch dorthin. Und rechts neben dem Drachenschlößle steht die katholische Sankt-Konrad-Kirche. Und je nach Wind guckt der Drache auch dorthin.

Großmutter hatte etwas Ungeheures entdeckt. Die Gegend Gänsheide mit der Stafflenbergstraße ist einer der frommsten

Winkel Stuttgarts, katholisch und evangelisch durcheinander, und ausgerechnet dort gibt es noch ein Drachenschlößle. Zwar ist das Burschenschaftshaus im Adreßbuch nur noch als Wohnhaus ausgewiesen, aber es ist aus früherer Zeit noch voller Drachensymbole.

Im Adreßbuch 1888 gibt es noch keine Stafflenbergstraße, nur einen Wohnpunkt „Im Stafflenberg". Und nur mit einem einzigen Haus. Es war die Württembergische Hofbank. Die Stafflenbergstraße gibt es seit 1900. Im Adreßbuch von 1907 sind es 14 Häuser, schon mit 20 Telefonanschlüssen. Es wohnten dort Grafen, Professoren, Ärzte, Militärs, Fabrikanten und gehobene Witwen. So etwas recherchierte Großmutter alles selber. Im Stadtarchiv, in der Silberburgstraße, gibt es ein Regal voller Adreßbücher, für jedermann zugänglich.

Stafflenbergstraße 64 waren die Württembergischen Kunstfreunde. Haus 66 war Hilaritas, Altherrenverband. Religiös war zu der Zeit noch nichts. Im Adreßbuch 1938 waren es 25 Häuser: Haus 46 und 54 der Katholische Kirchenbauverein mit Altersheim für Männer und Frauen. Heute liest sich das so: Stafflenbergstraße 20 Südfunklotterie, Haus 22 Evangelische Heimstiftung, Haus 28 Evangelisches Verlagswerk, Haus 44 Katholische Exilgruppen, Haus 46/48 das katholische Konrad-Miller-Altersheim, Haus 50 die katholische Sankt-Konrad-Kirche, Haus 76 Akademie der Evangelischen Kirche, Haus 81 Chemisches Untersuchungsamt der Stadt Stuttgart.

Großmutter: So wächst eine Straße. So ändert sich eine Straße. Und das mit den Drachen: Weiter unten, am Eugensplatz, tummelten sich ganz früher mal die Dinosaurier. Dann paßt es wieder.

So wäre das auch geblieben, wenn es Großmutter nicht gebizzelt hätte, herauszufinden, wo diese katholisch-evangelische Mischung in der Gegend Gänsheide herkommt. Sie ging dort immer wieder spazieren und lernte, als sollte es so kommen, Herrn Pfarrer Wolfgang Müller-Welser kennen, von der Katholischen Akademie der Diözese Rottenburg-Stuttgart.

„Nein", sagte der Herr Pfarrer, „das Sekretariat unserer Akademie, ‚Im Schellenkönig 61', ist nicht der katholische Bischofssitz in Stuttgart. Unser Bischof nimmt, wenn er mal in Stuttgart ist und hier übernachtet, Quartier in der Stafflenbergstraße 46, im Konrad-Miller-Heim, wo er ein Zimmer hat. Wir würden ihn gern ‚Im Schellenkönig' beherbergen, aber es gibt bei uns nur Büroräume."

Großmutter war selig. Da wußte einer, wo der katholische Bischof in Stuttgart schläft. Und der Herr Pfarrer kannte auch

Das Drachenschlößle, Verbindungshaus Hilaritas,
Architekt Heinrich Jassoy,
der auch das alte Stuttgarter Rathaus erbaute,
dem das Drachenschlößle ähnelt

den Drachen auf dem Hilaritas-Haus: „Wenn der Drache auf der Wetterfahne zum Evangelischen Oberkirchenrat hinüberdräut, beziehungsweise zur Evangelischen Akademie, streckt er unserem Bischof, falls er überhaupt da ist, den Hintern zu." Großmutter lachte. Der Herr Pfarrer schmunzelte.

Der Akademiepfarrer: „Aber wahrscheinlich tut der Drache das öfters in der anderen Richtung und blinzelt unseren Bischof an oder macht zu ihm ein freundliches Gesicht. Der Hilaritas-Drache wird wohl vor unserem Bischof schon seinen Respekt haben. Außerdem arbeitet in einem unserer Büros hier als Rechtsberater ein Herr namens Haßdenteufel, Erzbischöflicher Oberrechtsrat."

Großmutter war hingerissen. Und sie fand weiter heraus: Stafflenbergstraße 46, Katholische Nachrichtenagentur; Haus 76 Brot für die Welt, Diakonisches Werk der Evangelischen Kirche. Großmutter kriegte auch heraus, daß das Hilaritas-Drachenschlößle 1903 erbaut wurde, von einem Architekten Heinrich Jassoy.

Großmutter: Jassoy, Jassoy. Da war doch was. Jetzt ging es wieder von vorn los. Es war derselbe Heinrich Jassoy, der auch das alte Stuttgarter Rathaus erbaute, und zwar zur gleichen Zeit (1899–1905).

Und bei den Hilaren fand Großmutter auch eine Stelle in Professor Klaus Mehnerts Buch „Ein Deutscher in der Welt", Seite 307, wo Mehnert erzählt, wie er 1946 in diesem Drachenschlößle Eugen Gerstenmaier kennengelernt hat. Mehnert: „Ich ging durch das zertrümmerte Stadtzentrum. Jedes Gebäude kannte ich von früher Jugend. In einem Haus, das der studentischen Verbindung Hilaritas gehört hatte, befand sich das Hauptquartier des Hilfswerks der Evangelischen Kirchen in Deutschland."

Mehnert war im Lager auf dem Hohen Asperg. Gerstenmaier hatte ihn dort angeschrieben. Mehnert: „Gerstenmaier, diesen Namen hatte ich nie zuvor gehört.“ Aber Gerstenmaier kannte Mehnert. Sie gingen beide auf das Eberhard-Ludwig-Gymnasium.

Und die Sache mit dem Drachenschlößle wurde immer sanfter. Hilaritas steht für Heiterkeit und Frohsinn. Die Stuttgarter Hilaren gibt es seit 120 Jahren. Ihr Hilaritas war ein Heiliger, der auch einen Drachen besiegte. Daher die Drachenmotive an Großmutters Drachenschlößle. Und der Drache auf der Wetterfahne ist auch kein Drache, sondern ein Kater. Der Kater fiel vor vielen Jahren vom Türmle, weil die Wetterfahne durchgerostet war. Und jetzt steckt ein neuer Kater auf der Wetterfahne, der von unten zwar aussieht wie ein Drache, aber wenn man es weiß, ist es ein Kater. Und der tut auch dem Bischof nichts.

Es gibt ein Theaterstück, „Das Wunder des Malachias“, worin ein kleiner Pfarrer sündige Häuser wegzaubern kann. Das wollte Großmutter fast auch. Aber die Sünde aus dem Hilaritas-Drachenschlößle ist raus. Und es war für Großmutter Jassoys übriggebliebenes, kleines Rathaus in Stuttgart.

Das Kanonenhäusle als Alarmanlage

Wenn es unten in Stuttgart brannte, mußte ein Feldwebel im Galopp zum Kanonenhäusle hochreiten und dort mit zwei Kanonen schießen, weil die Bewohner hinter den Hängen die Brandglocken nicht hören konnten. Es war eine Alarmanlage.

Großmutter war hinter der Geschichte des Kanonenhäusle her: Entstanden ist es nicht, weil es in Stuttgart brannte, sondern in Esslingen. „Der Brand in Esslingen, 1702, dem 200 Häuser zum Opfer fielen, gab der Stadt Stuttgart Veranlassung, das Feuerlöschwesen zu verbessern. So wurde im selben Jahr noch auf der Gänsheide eine Hochwacht erbaut, in der zwei Lärmkanonen untergebracht waren“.

Das Kanonenhäusle oberhalb der Hauffschen Villa

Es war das „Lärmenhäusle", später „Stuckhäusle", dann das Kanonenhäusle. Und man schoß auch Salut: „So oft bei einem Festmahl im Schloß oder Rathaus auf eine fürstliche Gesundheit getrunken wird, werden allemal die Lärmkanonen auf der Gänsheide abgefeuert." Für die Kanoniere war das praktisches Üben. Und die Stuttgarter fragten wieder: „Wo brennt's?"

Um 1860 wurde eine Wohnung draufgebaut. Jetzt gab es Oberfeldwächter. Erst einen Herrn Kaiser. Dann einen Herrn Landenberger. Und ein Logbuch: „46 Feuer konnte man von der Zinne aus zählen". Und es war ein Beobachtungshäusle: „Diebstähle von Obst, Trauben, Blumen; 43 Einbrüche in Gartenhäuschen." Die Tat war erkannt. Bloß der Täter nicht. 1905 zog ein Feldwächter und Güteroberinspektor Klumpp ein. Er wohnte 25 Jahre dort. Dann wurde er vom Hund eines Gablenberger Wengerters gebissen und bat um leichteren Dienst.

Dann kam ein Gärtner Borkenhagen. Im sogenannten Dritten Reich war es ein Jungvolkheim. Für die Kinder auf der Gänsheide war es das Geisterhäusle. Das wieder wußte Großmutter von Fräulein Julia Hauff, die in der Hauffschen Villa aufwuchs: Im Geisterhäusle spukte es dauernd. 1946 bis 1975: ein Gärtnerehepaar Oßwald. Dann wollte man das Kanonenhäusle abbrechen.

1982 zog der Verein zur Förderung und Erhaltung historischer Bauten dort ein. Man veranstaltete einen Tag der offenen Tür. Großmutter fand das reizend: Wenn da 100 Stuttgarter kommen, müssen 90 draußen warten.

Aber: Ein Verein zur Förderung und Erhaltung historischer Bauten ist eine sympathische Einrichtung. Jetzt könnte es wieder eine Alarmanlage werden. Und man sollte auch die beiden Lärmkanonen wieder aufstellen. Und Alarm schießen, wenn irgendwo ein historisches Häusle abgebrochen oder ein schöner alter Baum umgesägt wird.

Die Amtsoberamtei am Rotebühlplatz

Gewußt wo in Stuttgart: Großmutter hatte wieder ein schönes altes, ungeheuer lustiges Haus entdeckt, Rotebühlplatz 29. Großmutter hat das Haus auch nur entdeckt, weil sie krottenfalsch und polizeiwidrig quer über den Rotebühlplatz huschte.

Der Alte Postplatz um 1825.
Großmutter wußte es von der Oberpostdirektion:
Das weiße Haus, links neben dem Thouret-Brunnen,
war die Amtsoberamtei.
Sie hatte sieben Dachfenster und drei Schornsteine.

So sieht das Haus auch heute noch aus.
Die anderen Häuser sind verschwunden.
Ganz links der Gasthof zum Kronprinzen. Ganz rechts
das damalige Postgebäude, später Kultusministerium.
Nach dem Kultusministerium saß dort der Oberkirchenrat

Manchmal lohnt sich das. Großmutter landete auf der Betoninsel neben der Firma Radio Barth. Das Haus steht hinter dieser Betoninsel.

Großmutter war fasziniert von den vielen Fenstern, sogar noch auf dem Dach. Sie hatte zunächst keine Ahnung, was das für ein Haus ist. Dann kriegte sie heraus: Baujahr 1778, über 200 Jahre alt, inzwischen restauriert und aufgefrischt. Es ist die alte Amtsoberamtei. Die Amtsoberamtei ließ früher immer Gutachten erstellen über Land und Leute. Großmutter: Es war sozusagen unser erstes Gesundheitsamt und Stuttgarts erste Datenbank.

Aus diesem Haus kamen Berichte wie: „Im Oberamt Stuttgart ist der Menschenschlag allgemein wohlgebildet. Besonders zeichnen sich die Bewohner der Filder von denen der tiefer gelegenen Orte durch ihre körperliche Beschaffenheit aus. Sie sind größer, aufrechter, gottesfürchtiger und haben regelmäßigere Gesichtszüge als die zusammengedrängten, gebückter gehenden Talbewohner."

Schon damals wurde die Stuttgarter Bevölkerung dauernd visitiert und katalogisiert: „Die Bewohner der Hochebene haben bei reiner, gesunder Luft ein beinahe ebenes Land zu bauen, das ihnen reichlich Ertrag liefert, während in den Tälern die Bewohner meist Weinbau treiben, wobei besonders das Tragen schwerer Lasten, bei den Männern im Rücken, beim weiblichen Geschlecht auf dem Kopf, Schäden hinterlassen."

Die Echterdinger wirkten stolz, die Stuttgarter bedrückt. Inzwischen ist das umgekehrt, seit die Stuttgarter den Flugplatz in Echterdingen immer mal wieder vergrößern. Großmutter: Späte Rache.

Die meisten unehelichen Kinder gab es in Gaisburg, Botnang und Feuerbach. Die Kemnater waren besonders fromm. Die Scharnhausener hatten Kröpfe. Die Degerlocher waren gut im Straßenbau, sie bauten sogar als Gastarbeiter

Straßen in Sachsen. Das alles wurde in diesem Haus zusammengetragen. Die Birkacher vermehrten sich wie die Kaninchen. Und die Cannstatter wollten sich nicht waschen oder waschen lassen.

Für Cannstatt, Fellbach, Hedelfingen, Hofen, Mühlhausen, Münster, Obertürkheim, Rohracker, Sillenbuch, Uhlbach, Untertürkheim, Wangen und Zazenhausen galt: Die Körperpflege läßt viel zu wünschen übrig. Reinlichkeit ist nicht die erste Tugend. Dafür badeten sie im Sommer im Neckar. Bloß, der war auch damals schon dreckig.

Die Möhringer waren „geordnet". Sie hatten einen Kreiskleemeister. Die Plieninger Weber waren schmalbrüstig, „was nicht selten zu Wassersucht führt". Das alles wußte dieses Haus: „Sehr bemerkenswert ist auch, daß unter den Bewohnern Rothenbergs die Germanen vorherrschen wie in keiner anderen Gemeinde".

Großmutter: Heute ist es ein schlichtes Wohnhaus. Und es schweigt so nett vor sich hin mit seinen immer noch wunderbar vielen Fenstern. Großmutter erfuhr dann von der Oberpostdirektion Stuttgart: Seit 1961 ist die Bundespost Eigentümer dieses unter Denkmalschutz stehenden Gebäudes, dem einzigen noch erhaltenen Haus am Alten Postplatz. Und die Oberpostdirektion wieder wußte: „Auf einem Stadtplan von 1779 war das Gebäude bereits vorhanden. Im Adreßbuch taucht es zum erstenmal im Jahr 1800 auf. Es war im heutigen Sinn ein Landratsamt".

Die Amtsoberamtei erledigte Armensachen wie: „1835–1840 Erbauung einer Industrieschule in Birkach aus Staatsmitteln". Es erledigte „Auslandssachen": „Auswanderungsgesuche; Württembergische Staatsangehörige im Ausland; Tauf-, Trau-, Todes- und Heimatscheine; Reiseurkunden." Großmutter: Für alles brauchte man, wie heute noch, ein Dokument. Daran hat sich nichts geändert.

Dann kam die jüngere Zeit. 1930: Amtsoberamt Stuttgart; 1940: Deutscher Beamtenkrankenversicherungsverein. Im letzten Krieg: „Der Keller diente für viele Bewohner der Umgebung des Rotebühlplatzes als Bunker". 1950: Debeka, Krankenversicherungsverein; 1961: Bundespost, Fernmeldeamt.

Baugeschichtlich: Amtsklassizismus mit einem Hauch Barock. Sehr alter Blitzableiter mit einer goldenen Spitze. Biberschwanzdachbedeckung. Die alte/neue Biberschwanzdachbedeckung konnte Großmutter erkennen, aber den sehr alten Blitzableiter mit einer goldenen Spitze hat sie gesucht und gesucht und nie gefunden.

Die jüngeren Geschichten

Sagte Margarethe von Wrangell, Deutschlands erste Professorin in Hohenheim: „Die Brille trage ich nicht auf der Nase, aber in der Seele. Und das ist viel schlimmer".

Sagte der Malerprofessor Alex Eckener, Bruder des Luftschiffkapitäns Hugo Eckener, weil er nicht gern telefonierte: „Die Zahlen sind mir im Weg"; und weil er nicht gern mit dem Auto fuhr: „Da sieht man nichts".

Sagte Thaddäus Troll an seinem 65. Geburtstag im Löwen in Mühlhausen: „Man darf sich seinen Freunden nicht entziehen". Dann nahm er sich das Leben.

Sagte Oscar Heiler über seine jungen Jahre: „I donk mei Soß mit Brot aus und kaa oheimlich schaffe".

Sagte Theodor Heuss über die Stuttgarter: „ Es steckt viel Bauerntum im Schwaben, auch in dem, der in den Städten sitzt, und in dem anderen, der weltläufig wurde".

Sagte Großmutter beim Europagipfel 1983 in Stuttgart: „Was ist Freiheit, wenn man die Mächtigen so bewachen muß?"

Deutschlands erste Professorin in Hohenheim

Es hat seinen Reiz, abends auf ein Schloß zuzugehen, und hinter den Fenstern ist Licht, und man geht sogar ins Schloß hinein, in ein wunderbar verschnörkeltes Haus. So empfand es Großmutter. Sie war bei einem Vortrag im Schloß Hohenheim: Frau Professor Dr. Erna Hruschka sprach über die erste Professorin Deutschlands, Margarethe von Wrangell in Hohenheim, 1923–1932.

Auch das Publikum hatte seinen Reiz: Die eine Hälfte älter schon, Professorinnen und Professoren, wie früher die Ehrbarkeit in Stuttgart; die andere Hälfte Studenten, surrend jung noch, aber in 40 oder 50 Jahren, so empfand es Großmutter, werden sie auch so aussehen. Mit verwelktem Charme.

Und natürlich war es auch ein akademischer Vortrag, denn Margarethe von Wrangell war Agrikulturchemikerin, aber weil eine Frau diesen Vortrag hielt, ging es in erster Linie um eine ungewöhnliche Frau. Es gibt ein Buch über sie: „Margarethe von Wrangell, das Leben einer Frau aus Tagebüchern, Briefen und Erinnerungen, dargestellt von Fürst Wladimir Andronikow." Der Fürst war ihr späterer Mann. Und das wieder ähnelte Großmutters Geschichte über Sigrid Onégin: zwei hinterbliebene Männer schrieben Bücher über ihre Frauen.

Fürst Andronikow über Margarethe von Wrangell, Tochter deutsch-baltischer Eltern, an Weihnachten 1876 in Moskau geboren, nach deutschem Kalender am 6. Januar: „Im Hause des Obersten Karl Fabian von Wrangell und seiner Gattin Ida herrschte große Freude, denn gerade dieser schimmernde Festtag mit seinen jubelnden Glocken brachte in die glückliche Ehe ein drittes Kind." So sah es der Fürst.

Margarethe von Wrangell

Bloß, diese Zuckerguß-Professorin hat es nie gegeben: Mit 15 das Lehrexamen, wie ihre Mutter, vier Sprachen, Studium in Tübingen, 1600 Studenten, ganze drei Studentinnen. Nach ihrer Doktorarbeit, im Jahre 1909 vorgelegt, lernte sie weiter bei Sir William Ramsey in London und bei Madame Curie in Paris. 1918 kam sie nach Hohenheim. 1923 „wurde von dem großen Fach der Agrikulturchemie die Pflanzenernährung als eigenes Gebiet abgetrennt, und auf den neu errichteten Lehrstuhl wurde als ordentlicher Professor Fräulein Dr. Margarethe von Wrangell berufen".

Sie selber beschrieb ihre Arbeit so: „Ich legte das Ohr an den Boden, und es schien mir, als seien die Pflanzen froh, etwas über die Geheimnisse ihres Wachstums erzählen zu können." Es ging zu ihrer Zeit um Düngemittel für die Landwirtschaft, und wie man den Import von Auslandsphosphaten drosseln konnte.

Sie schrieb nebenher Novellen und Kurzgeschichten. Später kam sie nicht mehr dazu. Sie wurde ein vielgeplagter Professsor, kämpfte sich durch einen Plagiatsvorwurf, heiratete 1928, blieb auch als Fürstin Andronikow im Lehramt, und schaffte schonungslos gegen ihre Gesundheit. Sie starb am 31. März 1932 in einer Dependance des Katharinenhospitals am Herdweg und liegt in Reval begraben, neben ihrer Mutter.

Margarethe („Daisy") von Wrangell: „Ich glaube, es ging zu allen Zeiten, in allen Berufen und in allen Ländern den ungewöhnlichen Frauen so. Alles im Leben muß bezahlt werden. So bin ich denn eine ernste, äußerst objektive Frau der Öffentlichkeit. Die Brille trage ich nicht auf der Nase, aber in der Seele. Und das ist viel schlimmer."

Der Malerprofessor Alex Eckener

Großmutter kannte eine Tochter von Alex Eckener, Frau Gudrun Wolter, die in Degerloch wohnt. Die Wohnung dort hängt voller Eckener-Bilder. Der Maler war ihr Vater, Professor Alex Eckener, Bruder des Luftschiffkapitäns Dr. Hugo Eckener.

Für Großmutter waren es Familiendaten wie aus einem Gesellschaftsroman: Alex Eckener, geboren 1870 Flensburg; 1888 bis 1892 Kunststudium in München; 1892 bis 1899 Maler in Flensburg; 1899 bis 1905 Kunststudium in Stuttgart; Meisterschüler des Grafen Kalckreuth.

1905 Heirat mit Sophie Eisenlohr, Tochter des deutschen Konsuls Ferdinand Eisenlohr in London, Kunstschülerin in Stuttgart; 1906 Geburt der Tochter Lise; 1908 Grafiklehrer an der Kunstakademie; 1910 Geburt des Sohnes Hans-Peter; 1912 Professor, Geburt der Tochter Heidi; 1916 Geburt der Tochter Inge; 1922 Geburt der Tochter Gudrun.

1925 bis 1928 Direktor der Kunstakademie Stuttgart; 1936 Emeritierung; 1936 bis 1939 neunzig Radierungen für Storms „Schimmelreiter"; Februar 1944 fällt der Sohn in Rußland; Mai 1944 stirbt der Vater; Juli 1944 das Atelier in der Heidehofstraße zerbombt, 20 Mappen mit Bildern kaputt; Sophie Eckener-Eisenlohr wurde 91 Jahre alt. Großmutter: Wie aus einem Buch von Thomas Mann.

Alex Eckener; pünktlich, fleißig, beharrlich; immer mit einem Bleistiftstummel in der Brusttasche; hat in Stuttgart eine Menge geschafft, neben seiner Lehrtätigkeit: Ölbilder, Aquarelle, Zeichnungen, Radierungen, Lithos, Holzschnitte; Stuttgart-Bilder von der Stiftskirche bis zum Hauptbahnhof, von der alten Liederhalle bis zum Wangener Kirchle; die Neckargegend, das Ramsbachtal, praktisch alles. Es waren vier lebhafte Töchter und ein stiller Sohn. Die Mutter porträtierte, beispielsweise Helene Schweitzer, die Frau von Albert Schweitzer, der sich wunderte: „Man malt doch sonst mich!"

Und der Sohn fing an zu malen. Der Vater nahm ihn mit in die Sommerferien nach Norddeutschland. Alex Eckener im Norden; das waren Meer, Schiffe, Docks, Häfen, der Deich, das geduckte Land dahinter. In Bongsiel/Nordfriesland gibt es heute noch eine Feinschmeckerwirtschaft für Fischesser voller Eckener-Bilder aus Stuttgart. Großmutter kannte auch diese Feinschmeckerwirtschaft in Bongsiel. Sie übernachtete dort, wenn sie Urlaub machte in Dänemark. Es war ihre Geheimadresse: Nicht weit vom Nolde-Museum. Nolde und Eckener mochten sich.

Frau Gudrun Wolter, die Jüngste, die eigentlich nochmal ein Sohn werden sollte, über ihren Vater: „Er liebte alles in der Natur und alles, was sich bewegte. Er war im Süden und im Norden zuhause. Er mochte vieles nicht: Geiz, Kleinmut, Radio, Heizkissen, Höhensonne."

„Er tröstete uns, wenn wir schlecht waren in Mathematik: Das habe er auch nie kapiert. Er weckte uns einmal nachts beim Gewitter: Guckt euch diese herrlichen Blitze an! Er telefonierte nicht gern: Die Zahlen sind mir im Weg. Er fuhr nicht gern im Auto: Da sieht man nichts. Er sollte mal nach München fliegen: Niemand kriegt mich in ein Flugzeug."

Frau Wolter wundert sich heute noch über die Hüttenwerkbilder ihres Vaters; Königsbronn, Wasseralfingen, Abtsgmünd. Es waren Industrieaufträge. Eckener selber: Die technische Landschaft sei langweilig und undankbar für einen Maler, aber der Mensch dazwischen, „das ist hexenhaft".

Sein Lieblingsmotiv war der arbeitende Mensch: Bauern, Fischer, Handwerker, Industriearbeiter. Es gibt eine Flut von Bewegungsskizzen. Eckener verehrte Menzel, der auch in Hüttenwerken zeichnete.

Es gibt den Bildband „Alex Eckener" und die Briefe zwischen Vater und Sohn im Krieg: „Dieser verdammte Krieg, der uns nicht zeichnen und malen läßt!" Großmutter fiel auf: Keine der vier Töchter von Alex Eckener ist Malerin geworden. Warum nicht? Man weiß es nicht.

Albert Schöchle und die Wilhelma

Großmutter kannte Herrn Schöchle, weil er ein Draufgänger ist: „Ich habe immer soviel riskiert, daß nichts mehr schiefgehen durfte, weil alle darauf warteten, daß es schiefgeht", und weil seine Lieblingsblumen Schneeglöckle waren: „ganz einfach darum, weil meine Großmutter mir immer welche suchte, wenn

Albert Schöchle, der erste Wilhelma-Direktor.
Großmutter verehrte ihn: Er hat immer so viel riskiert,
daß nichts mehr schiefgehen durfte,
weil alle darauf warteten, daß etwas schiefgeht.
Und seine Lieblingsblumen waren Schneeglöckchen

ich als Bub am 13. März Geburtstag hatte." Die Wellenlänge der Großmütter.

Er ist Ehrensenator der Universität Hohenheim, Träger des Großen Verdienstkreuzes, Vater des Blühenden Barock in Ludwigsburg und Gründer des Wilhelma-Zoos, geboren 1905. Er ging als Wilhelma-Direktor 1970 in Pension und lebt heute auf einem Hof bei Kempten im Allgäu.

Für die Schwaben ist ein Schwabenstreich kein dummer, lächerlicher Streich à la Schilda, sondern ein pfiffiger Streich. Und Albert Schöchle ist der Inbegriff eines herrlichen Schwabenstreichs: Er hat seiner vorgesetzten Behörde, der Landsregierung in Stuttgart, langsam und hehlinge einen Zoo untergejubelt, den sie gar nicht wollte.

Albert Schöchle beschwörte zunächst die Erinnerung an den legendären Nill'schen Tiergarten am Herdweg und an den Tiergarten auf der Doggenburg. Das mochten die Stuttgarter. Schöchle, Fische-Mensch wie unser letzter König, ist der ideale Typ für ein breites Publikum. Es war von Anfang an eine glückliche Kumpanei mit den Stuttgartern.

Als Schöchle 1933 die Wilhelma übernahm, war sie ein botanischer Garten ohne Tiere. Zwölf Jahre später war alles kaputt durch den Krieg. Es wurde Gemüse angepflanzt für die Krankenhäuser. 1949 wurde wiedereröffnet, mit einer Serie von Tierausstellungen. Es wurden Gehege gebaut, die Gehege blieben, die Tiere auch.

Schöchle selber wollte angeblich auch keinen Zoo. Er wollte nur ein paar Tiere zwischen den Blumen, damit mehr Leute kommen. Und eines Tages war der erste Löwe da. Dann wurde es wieder klein: Pudelausstellungen mit 150 Pudeln. Dann kamen zwei Elefanten. Ausgeladen auf dem Cannstatter Güterbahnhof. Sollte man sie wieder wegschicken? Je größer die Tiere, desto gespannter wurde das Verhältnis zwischen Albert Schöchle und der Landesregierung.

Dann wurden die Tiere wieder kleiner: Schildkröten, Seepferdchen, ein Papagei aus Hannover, eine Ponystute von Graf Lennart Bernadotte zum 100. Geburtstag der Wilhelma, im Juli 1953. Dann war plötzlich wieder ein See-Elefant da. Oder ein Professor machte eine Kamerun-Expedition. Schöchle gab ihm 5 000 Mark mit. Für ein Paar Menschenaffen.

1953 war schon kaum mehr Platz für neue Tiere. Auch das war eine Taktik von Herrn Schöchle: Füllen, bis es nicht mehr geht. Und dann stöhnen: „So geht's nicht mehr".

Im Herbst 1956 entstand der „Verein der Freunde und Förderer der Wilhelma". Freunde und Förderer für irgendwas ist württembergische Tradition. Schöchle erhielt Schützenhilfe: „Es gibt in unserem Land kaum einen Beamten, der so schöpferisch tätig ist". Die Freunde und Förderer beschafften Geld, damals schon sechsstellige Summen, und sie boxten Schöchle vollends durch.

Ende der fünfziger Jahre kam die Kraftprobe: Entweder die Tiere wieder raus, und nur noch botanischer Garten, oder erweitern bis zum Rosensteinpark. Inzwischen war der Zoo so populär, daß es Ärger gegeben hätte, wenn man ihn auflöste. Das Land entschied sich für Vergrößern. Und die Landesregierung wurde der Mäzen. Der streitbare Allgäuer Schöchle, der „Feuerkopf", der „hervorragende Sachkenner", der „glühende Idealist" hatte Anerkennung auch von oben gefunden. Albert Schöchle ist der Typ des Wiederaufbauers nach dem letzten Krieg: zupackerisch, wetterfest, undressierbar; einer, wie Großmutter es wußte, der Nägel mit Köpfen gemacht hat.

Sohn eines Hoteliers in Kempten; Gärtnerlehre in Lindau; Abitur nachgeholt; in Stuttgart, Tübingen, München studiert. Oder Herr Schöchle ist eine Gründernatur: „Mich zieht es immer dahin, wo man was aufräumen muß". Großmutter wußte von Herrn Schöchle über Tiere: „Ich finde jedes Tier unglaublich schön, selbst die Kröten".

John Cranko und sein Stuttgarter Ballett

John Cranko (1927–1973) war von 1961 bis zu seinem Tod Ballettchef in Stuttgart. Er machte seine Truppe als Stuttgarter Ballett weltberühmt, besonders mit „Romeo und Julia“, „Eugen Onegin“ und „Der Widerspenstigen Zähmung”. Erbe und Nachfolger wurde eine Frau: Marcia Haydée.

Großmutter hat nie viel darüber erzählt, aber es stand in ihrem Tagebuch: „Ich bin sehr froh, daß ich, als John Cranko noch lebte, alles wahrgenommen habe, was John Cranko in Stuttgart gemacht hat, weil ich das Gefühl nicht los wurde: er bleibt nicht in Stuttgart, auch wenn er möchte. Leute wie Cranko haben Phasen. Und es muß so sein. Seine Phase in Stuttgart war die Anhänglichkeit an den damaligen Generalintendanten Walter Erich Schäfer. Schäfer war für Cranko eine Vaterfigur. Dann erst kam das Publikum.“

„Cranko wurde auf andere Art wegengagiert. Sein Leben ging zu Ende in einem Flugzeug hoch über den Wolken, bei strahlender Sonne. Es wurde ihm schlecht, aber schöner kann man kaum sterben. Er liegt begraben auf Stuttgarts zauberhaftem Friedhof, beim Schloß Solitude. Ich sehe noch die Bilder, wie das Stuttgarter Ballett in Echterdingen landete, ohne ihn. Wie versprengte Kinder. Erst ist es ein Schock, dann ist es Schmerz, und dann zeigt sich, was bleibt. Trauer allein hält nicht lang.“ „Es ist heiter geblieben um John Cranko: Sein Witz, sein Humor, sein Ernst, seine Strahlkraft, seine Verzehrkraft. Auch nahe Freunde sehen einen Menschen nur von außen: Es macht ihm Freude, was er tut, er tut es wunderbar leicht, er ist herrlich begabt, es muß ein Geschenk sein.“

„Es kann ein schwieriges Geschenk sein: was er täglich zusetzt für seine Strahlkraft, und was er an Sympathie verschwendet, weil er immer alles lieben möchte. Das weiß nur er. Und auch er weiß nicht, warum er das tut.“

John Cranko

„Er hätte ebensogut Fotograf sein können, Maler, Musiker oder Designer. Er rieb sich auf in einem Traumberuf und hinterließ Maßstäbe, die man nur mit einem Leben seiner Art hinterlassen kann. Es war nicht nur die Arbeit, es war die Summe seiner Harmonie. Und er war nie ein Star, es hätte ihm zugestanden, er war ein Schaffer."

Erinnerungen an Thaddäus Troll

Seinen 60. und seinen 65. Geburtstag feierte er im Gasthof Löwen in Stuttgart-Mühlhausen. Er ließ sich zwar nicht gern feiern, aber: „Man darf sich seinen Freunden nicht entziehen“. Dann tat er es doch. Bei seiner Beerdigung sollte niemand an seinem Grab reden. Es war eine zärtlich schweigsame Beerdigung.

An die 70 Bücher; 20 Arbeiten für Bühne, Film, Fernsehen, Funk, Schallplatte; zehn Mitgliedschaften und Ämter, Pen-Zentrum, Schriftstellerverband, Rundfunkrat, Neue Medien; ungezählte Theaterkritiken, Artikel, Vorworte, Lesungen. Und der Theodor-Wolff-Preis (1962). Das Bundesverdienstkreuz hatte er abgelehnt. Großmutter: Ein Riesenpensum an Leben.

Was immer Thaddäus Troll, mit bürgerlichem Namen Dr. Hans Bayer, war: Er war Schwabe und Tierkreiszeichen Fisch. Einstein war Fisch. Daimler war Fisch, Stuttgarts letzter König war Fisch, Großmutter war Fisch; schaffig, sucherisch, qualitätsbesessen, empfindsam, verletzbar.

Er haderte noch in der 19. Auflage seines Renners „Deutschland, deine Schwaben“ mit sich selber: „Ist dein Buch wirklich so schlecht, daß der Erfolg größer ist als die Leistung?“ Dieses Buch, das er gar nicht schreiben wollte, wurde 1967 sein Durchbruch, weil es mit Abstand das beste Buch dieser Serie war, und weil es ein rühriger Verlag war, weit weg von Stuttgart: Hoffmann und Campe, Hamburg.

Großmutter: Es gibt zwei Arten von schwäbischen Autoren; solche, die nach drinnen schreiben, für gelernte Schwaben, und die ihr Schwäbisch ständig verfeinern, wie Sebastian Blau; und solche, die hauptsächlich für draußen schreiben, sozusagen als Dolmetscherschwaben. Troll war Dolmetscher. Großmutter kannte auch das Gerücht, Stuttgarts größter Buchhändler, Konrad Wittwer, habe Thaddäus Troll prophezeit, Sebastian

Thaddäus Troll

Blau, alias Professor Dr. Josef Eberle, Chef der Stuttgarter Zeitung, werde Thaddäus Troll den Erfolg mit „Deutschland deine Schwaben" nie verzeihen. Troll wurde in der Stuttgarter Zeitung verhältnismäßig wenig erwähnt. Großmutter: „Das ist üblich in Stuttgart, daß sich Künstler, Kritiker und Macher gegenseitig nur launisch mögen, und daß sie das auch ausspielen, wo sie können."

Troll schrieb anfänglich unter dem Pseudonym Peter Puck, dann unter Thaddäus Troll, beides Rollennamen aus Shakespeares „Sommernachtstraum“. Er schrieb auch zuweilen in der dritten Person über sich: „Der vollzogenen Schizophrenie ward er sich in seiner komischen Absurdität bewußt, als er eine Sendereihe mit über 30 Folgen schrieb, die den Titel trug ‚Hans Bayer kramt in den Schubladen des Thaddäus Troll‘. Trolls Texte wurden dabei von Berufssprechern gelesen und vom kritischen Hans Bayer kommentiert. Mancher Hörer ärgerte sich über diesen nörgelnden Hans Bayer und schrieb ihm, er solle gefälligst den Troll ungeschoren lassen, dem er nicht das Wasser reichen könne.“

Verwirrspiele à la „Sommernachtstraum“, aber: Thaddäus Troll wurde für Hans Bayer mehr und mehr der mit dem Panzer. Pantomimen, Puppenspieler und Pseudonym-Autoren sind nicht zufällig meist scheue Leute, nicht weil sie es von Anfang an waren, sondern weil ihr Beruf sie so gemacht hat. Einer von beiden soll still sein, der Stärkere verdient das Geld, die Fans wollen auch nicht beide kennen. Und einer verkümmert.

Oder wie Troll/Bayer sich sah: „Der eine prüfend, wägend, zaudernd, nachdenklich; der andere selbstsicher, schaustellend, ironisch und wortspielend. Während der eine die Unvollkommenheit der Welt erkennt, gibt ihm der andere keine Gelegenheit, sie zu beklagen. Der andere ist der Übersetzer und Überwinder des einen; der Passive, aber auch der Aktive, wenn er des einen Einsichten umformuliert, des Beifalls vieler Leser gewiß, auch wenn es Einsichten waren, die der von Depressionen heimgesuchte Andere in traurigen Stunden gewonnen hat.“ Großmutter: So mag es in ihm ausgesehen haben.

Jeder Schriftsteller ab fünfzig hat auch eine Spätphase, es ist meist seine reifste Phase, er sammelt ein. Bei Thaddäus Troll waren es „Preisend mit viel schönen Reden“, Sein Gedichtband „O Heimatland“, seine „Schöpfungsgeschichte“, seine Verspottungen „Dr Entaklemmer“ und „Tafelspitz“. Großmutter: Bloß, er hatte nie die dicke Haut eines Spötters.

Er reiste gern, er kochte gern, er konnte seufzen, lachen, streiten, schweigen. Er war liebenswürdig, heiter, engagiert. Großmutter: Und er konnte so nett verlegen sein. Sie kannte sein Häusle in Hinterrohrbach und seine Stadtwohnung in Stuttgart-Gablenberg. Er hatte Geschmack. Er hatte Stil. Einer, der so schrieb wie er, so gestochen, gehämmert, gefeilt, und so verzehrerisch, was sich dann las, als sei es ihm jeden Morgen beim Rasieren zugeflogen, der kommt vielleicht an einen Punkt, wo Schreiben weh tut. Dann muß er nicht mehr. Dann will er nicht mehr.

Großmutter zitierte aus Trolls „Schöpfungsgeschichte“: „Trotzdem hots en dera Welt, wo ehne dr Herrgott glassa hot, net bloß Miah ond Plog geba. Neba de Dischtla au Wei, neba de Dorna au Schpargel, nebe de Wertich au Sonntich. So hot dr Herrgott ällem ond jedem uff der Erde sei Zeit gäba.“ Großmutter: Und ihm, dem Thaddäus Troll, auch.

Troll besucht Hans G. Elsas in Brasilien

Thaddäus Troll über Hans G. Elsas in Brasilien: „Dann beginnt er zu erzählen, daß er gern allein ist, daß er viel liest; englisch, deutsch, französisch, griechisch, portugiesisch; daß er zuweilen mit seinen beiden Söhnen, seiner Tochter und deren Familien zusammenkommt. Seine Frau, die eine Madonna gewesen sei, ist tot.”

„Schwäbische ‚ei‘ und ‚au‘ schleichen sich ein; er sagt ‚kannsch‘ und ‚verdräht‘ und ‚geischtliches Läben‘, das in Sao Paulo nicht stattfinde. Er schreibt Notizen über sein Leben, beschäftigt sich mit Indiosprachen und spricht von seinem brasilianischen Roman ‚Tamango‘, der viel besser sei als ‚Der Biedermann‘.“

„Als ich nach drei Stunden sage, daß ich gehen muß, versucht er mich mit allen Mitteln zu halten. Er will mir Bücher und Manuskripte mitgeben. Er fängt an zu gruschteln. Wir umarmen uns und versprechen uns ein Wiedersehen."

Großmutter entdeckte den „Biedermann" von Elsas in der Rathausbücherei. Thaddäus Troll gab ihr den Tip. Und das Buch fängt so an: „Im Jahre 1849 besaß die Bürgerschaft von Stuttgart einen öffentlichen Notar namens Alfons Hutzenlauf, 76 Jahre alt. Lange vorher, 1792, in der Weinlesezeit, hatte dieser Mann die Tochter Agathe des reichsten und geizigsten Bürgers Stuttgarts geheiratet, des Kohlenhändlers Friedrich Ravenaux."

Elsas schrieb den Roman unter dem Pseudonym Helmut Gaupp-Turgis. Er schrieb auch für das Feuilleton der Frankfurter Zeitung, unter einem anderen Pseudonym: José Antonio Benton. Großmutter ließ nicht locker. Sie fand heraus: Hans G. Elsas, geboren 1894 in Stuttgart, war dort seit 1933 als Rechtsanwalt zugelassen. Er entfaltete eine rege literarische Tätigkeit. Seine 1927 erschienene Tragödie „Das Klagelied" wurde im Landestheater aufgeführt. 1934 kam „Der Biedermann" heraus und wurde, 1961 umgearbeitet, noch einmal aufgelegt. Großmutter kriegte auch heraus: Zum Verdruß des Autors: „willkürliche und schändliche Streichungen". Großmutter wußte auch: Das Originalmanuskript liegt in der Handschriftenabteilung der Landesbücherei.

1935 verbot die Reichsschrifttumskammer Elsas eine weitere literarische Tätigkeit. 1936 verließ er Deutschland und kam mittellos nach Brasilien. Dort wirkte er zuerst als Sprachlehrer an einer Missionsschule, hielt später Vorträge über Literatur und Kunstgeschichte und war als Privatlehrer für Griechisch tätig. Seit 1958 Professor für griechische Sprache und Literatur in Sao Paulo. Direktor der dortigen Goethegesellschaft. Präsident der Goetheakademie. Das war 1982.

Thaddäus Troll wußte noch einiges dazu: „Elsas, Sohn eines Landtagsabgeordneten, war Schüler des Eberhard-Ludwig-

Gymnasiums. Seine Rechtsanwaltspraxis in der Charlottenstraße war eine der besten Adressen in Stuttgart. Den Roman ‚Der Biedermann' schrieb er in sechs Wochen. Als Vorlage diente ihm sein Compagnon. Weil er mit diesem Stuttgarter Schlüsselroman seinen Vetter Fritz nicht belasten wollte (Fritz Elsas, Rechtsrat der Stadt Stuttgart in den zwanziger Jahren, später Erster Bürgermeister in Berlin), schrieb er das Buch unter Pseudonym."

Großmutter kannte auch einen Briefwechsel aus dem Jahr 1975, Thaddäus Troll, Stuttgart, an Elsas, Sao Paulo: „Ich bin gerade dabei, den ‚Geizigen' von Molière fürs Zweite Deutsche Fernsehen ins Schwäbische nach Stuttgart und ins Jahr 1975 zu transplantieren. Ihr Buch hat mir bewiesen, wie gut er in unsere Landschaft paßt."

Elsas an Thaddäus Troll: „Im allgemeinen ist der Schwabe kein Geizhals. Er hält ökonomisch b'häb sei Sach z'samma. Ein Geizhals wäre dumm genug, sich übers Ohr hauen zu lassen. Ein Schwabe nicht."

Für Großmutter war es ein hinreißender Disput zweier Schwaben, der eine in Sao Paulo, der andere in Stuttgart, wie man Geiz auslegen kann. Elsas an Thaddäus Troll: „Zwei alte Tanten meiner seligen Frau lebten als Nonnen, und stickten mit Goldfäden Meßgewänder. Sie lebten nach ihrem Gelübde so arm, daß sie die Streichhölzer zum Feueranmachen der Länge nach zweiteilten. Sie taten das nicht aus Geiz. Es war die Tugend der Armut. Das müsse so sein, um des Heilands willen. Und weil, wenn sie anders lebten, ihre Meßgewänder weniger kunstreich würden."

Und Großmutter dachte: Solche Leute haben wir verjagt. Und als sich Thaddäus Troll im Juli 1980 das Leben nahm: Der eine flieht nach draußen. Der andere flieht nach drinnen.

Willy Reichert starb in Bayern

Willy Reichert starb am 8. Dezember 1973 im Alter von 77 Jahren in Mietenkam bei Grassau, in der Gegend Chiemsee, auf einem schönen alten Bauernhof. Großmutter wußte von Frau Elisabeth Reichert seit 1973, daß Willy Reichert an Arteriosklerose erkrankt sei. Frau Reichert suchte einen Pfleger. Es meldete sich ein Student.

Oscar Heiler, Reicherts langjähriger Partner („Häberle & Pfleiderer") erhielt am 6. Dezember 1973 im Studio der Landesgirokasse die Willy-Reichert-Plakette. Die Laudatio auf Heiler hielt Oberbürgermeister Dr. Arnulf Klett. Er erwähnte, daß es Willy Reichert inzwischen wieder besser gehe. Zwei Tage später starb Willy Reichert.

Dann kriegte Großmutter einen Brief von Frau Reichert: „...frage ich Sie, muß oder soll ich mir das gefallen lassen, was in der Bild-Zeitung stand, ‚Willy Reichert starb qualvoll in seinem Haus'. Dieses, sowie jedes weitere Wort, ist verlogen, denn als Reporter auftauchten, ließ meine Tochter sie nicht herein, und niemand von uns sprach mit ihnen. Es drängt mich einfach, Ihnen den richtigen Sachverhalt mitzuteilen."

„Meinem Mann ging es seit Anfang des Sommers laufend besser. In den letzten Monaten sah man ihm lediglich, zum Unterschied von früher, sein Alter an, aber er ging spazieren, las Bücher, er war in der Unterhaltung und in manchen anderen Dingen sogar lebhafter als früher."

„Mitte November fuhren wir zusammen nach München und besuchten eine Theaterpremiere. Wir kamen nachts um halb drei nach Hause. Dann erkrankte er leicht, blieb zwei Tage im Bett. Es schleppte sich hin. Am Samstag um halb fünf, während der Arzt und ich an seinem Bett saßen, traf ihn der Schlag. Der Puls setzte aus. Er lag völlig gelöst und unverkrampft da. Es war genau der Tod, den er sich immer gewünscht hat."

Willy Reichert.
Großmutter: Ein kleiner, schmaler Körper, wie der von Alec Guiness oder Curt Bois, ein undressierter Riebeleskopf und Schwabe

Willy Reichert, das war für Großmutter eine pralle Geschichte: Geboren am 30. August 1896 in Stuttgart, der „reichsten, knauserigsten, größten Kleinstadt Deutschlands." Erste Theaterversuche in Untertürkheim, erste Berufsversuche: Buchhändler, Kaufmann, Chemiker. Dann Stuttgarter Schauspielhaus.

Im Ersten Weltkrieg Kanonier im Elsaß. Fronttheater. Dann Engagements in Landsberg/Warthe, Zwickau, Heilbronn, München und wieder Stuttgart. Reichert als Bonvivant, als Seriendarsteller für „Häberle & Pfleiderer“, als Brechtschauspieler, Kabarettist, Theaterdirektor, Werbeschwabe, Funk, Schallplatte, Film, Fernsehen, Tourneen.

Ein kleiner, schmaler Körper, wie der von Alec Guiness oder Curt Bois, ein undressierbarer Riebeleskopf und Schwabe. Es war eine seiner Königsfiguren: Das scheinbare Fliegengewicht, dessen Witz zunächst an einem vorbeiweht, und dann von hinten ins Kreuz bläst.

Großmutter: Man wird Humorist, weil man vielleicht ein spassiger Mensch ist, aber man bleibt als Humorist kein spassiger Mensch. Humorist ist sowieso ein scheußliches Wort.

Und: Wenn es gut läuft, verfeinert man sich dabei, wie der selige Werner Finck oder Willy Reichert. Aber wieviel Publikum gibt es heute noch für verfeinerten Humor. Und wieviele Altmeister haben wir überhaupt noch in dieser Sparte?

Oscar Heiler oder die Weisheit ab Siebzig

Advent 1984. Großmutter machte ein B'süchle bei Oscar Heiler in Gablenberg: Er hat einen riesigen Hanggarten hinter dem Haus. Hier lebt er mit den Jahreszeiten; Lichtmeß im Februar, die letzten Rosen im November; und mit seinem kleinen, weißen Pflegehund Puffy, der ihn rund um die Uhr abschirmt.

Sie plauderten in Gedanken auf Weihnachten zu. Oscar Heiler, geboren 1906, das waren bisher 77 Weihnachten, reiche und karge, viel wußte er nicht mehr, oder er brauchte es nicht mehr, seit seine Frau gestorben war.

Irgendwann erhielt er die traditionelle Märklin-Spieleisenbahn geschenkt. Sein Vater war Hotelbesitzer. Dann etwas Künstlerisches: Einen Ausschneidebogen mit Papierfiguren für

Schillers Räuber. Die Papierfiguren bäppte man an Holzstäble, dann spielte man Schillers Räuber, die er später oft auf der Freilichtbühne im Bopserwald gespielt hat, als leibhaftiger Darsteller.

Weiße Weihnachten, so Oscar Heiler, das sei auch früher unterschiedlich gewesen: „meist waren es nasse Weihnachten“. 1914 Erster Weltkrieg, erstes Kriegsjahr, als der Leitartikler im Schwäbischen Merkur fragte, wie man in diesem Jahr feiern soll, ob es überhaupt angeht, den Tannenbaum zu rüsten. Damals war Oscar Heiler acht Jahre alt: „Ein Buch war schon viel zu Weihnachten“.

In den zwanziger Jahren, während der kargen Weihnachten, fühlte er sich als Linker. Er leitete in Botnang eine Arbeiterbühne und spielte sich als Schauspieler ein. Die zwanziger Jahre waren „Weihnachten ohne Erinnerungen“. In den dreißiger Jahren heiratete er. Das war nun schon mit Willy Reichert als Häberle & Pfleiderer, aber er konnte seiner jungen Frau zunächst nicht mehr versprechen als: „Für eine Dachwohnung wird es reichen“. Bis er den Satz fand, der typisch wurde für Oscar Heiler: „I donk mei Soß mit Brot aus ond kaa oheimlich schaffa“.

Dann war wieder Krieg. Die Weihnachten der Notjahre waren meist die zärtlichsten. Der 24. Dezember 1944 war ein Sonntag. Die Heilers waren ausgebombt. 1946 wohnten sie in der Wohnung eines ehemaligen SS-Mannes. Möbel waren wieder vorhanden, aber keine Fensterscheiben. Die Trümmerweihnachten. Frau Heiler schaffte als Bäuerin auf einem Bauernhof im Hohenlohischen, wo der Bauer und sein Sohn gefallen waren. Oscar Heiler hatte in Stuttgart zu tun: „So konnte ich die Lebensmittelmarken meiner Frau mitverbrauchen“. Die Betriebe hatten neue Betriebsräte. Man wollte feiern. Oscar Heiler war begehrt. Die Technischen Werke Stuttgart bezahlten ihn mit Fensterglas.

Oscar Heiler mit seinem Hund Puffy

Honorar vom Gartenbauamt: Gemüse und Obst. Das Friedhofsamt schickte den Leichenwagen als Künstlertaxi. Die fünfziger Jahre: Jetzt war es Oscar Heiler, der Jahr für Jahr Weihnachten arrangierte. Für seine Frau. Mittlerweile ist er kein Weihnachtstyp mehr. Er hat etwas anderes in sich entdeckt: „Die Weisheit des Schwaben ab Siebzig". Das große Glück hat ihn nie interessiert. Sein Glück waren die „vielen kleinen Glücker und die Summe davon". Er verlor mit 25 Jahren, als blutjunger Schauspieler, ein Bein: „Es hat mir mehr gebracht, als genommen".

Großmutter: Er ist immer noch ein reizend o'gäber Denker oder wie ihn Friedrich E. Vogt sieht, das Gaudige ist es nicht allein, sondern auch das Bestürzende, das Wechselvolle, das Sauersüße, das Bittere, wie es auch in uns Alltagsmenschen angelegt ist. Für Großmutter war Oscar Heiler nach ihrem B'süchle ein Herr geworden: Die IBM präsentiert ihn auf der Industriemesse in Hannover als ihren Schwaben. Oder die Katholische Akademie ruft an, ob er nicht Lust habe, die „Schöpfungsgeschichte" von Sailer vorzulesen. Der Bischof komme auch.

Theodor Heuss: „Die Qualität ist das Anständige"

Wenn Großmutter von Theodor Heuss erzählte, ging alles durcheinander. Sie wußte auch nicht warum. Sie kannte sein Grab auf dem Waldfriedhof: Ein schlichter Naturstein mit Rhododendronbüschen. Auf dem Naturstein steht: „Theodor Heuss, geboren 31. 1. 1884 Brackenheim, gestorben 12. 12. 1963 in Stuttgart". Er starb acht Wochen nach seinem 80. Geburtstag. In einem Häusle im Feuerbacher Weg. Theodor Heuss war der erste Bundespräsident, von 1949 bis 1959. Er kandidierte in Bonn gegen einen anderen Stuttgarter, gegen

Kurt Schumacher. Schumacher erhielt 312 Stimmen. Heuss erhielt 416 Stimmen.

Seine tiefe Stimme, sein Honoratiorenschwäbisch, seine Zigarre, seine Reden, worüber die Zeitungen schrieben: „die persönlicher und freimütiger klingen, als die der anderen Staatsoberhäupter; seine Menschlichkeit, die alle Fragen des Protokolls weit überragt." Heuss selber seufzte: „Ob Bonn, Kiel oder Neuss, keine Feier ohne Heuss". Im Stuttgarter Neckarstadion, bei einem Sportfest: „Ich bin der Theodor im Fußballtor". Das war damals ein Schlagertext.

Es waren die fünfziger Jahre: Wiederaufbau, ein neuer Lebenswille; die Demokratie noch unverstellt und ehrlich; sie fing an, Wohlstand zu bringen; es war die Zeit der Vaterfiguren. Adenauer war eine Vaterfigur, Carlo Schmidt war eine Vaterfigur; der Senatspräsident von Bremen, Wilhelm Kaisen, war eine Vaterfigur. In Norddeutschland war Heuss „der weißhaarige Professor aus Württemberg".

Die Amerikaner schlugen ihn 1945 als Kultusminister vor. Heuss wohnte in Degerloch, wo auch die Malerin Ida Kerkovius und Ludwig Bölkow wohnten, heute Messerschmidt-Bölkow-Blohm München. Großmutter wußte das alles.

Nach württembergischer Tradition hieß das Amt von Theodor Heuss nicht Kultusminister, sondern Kultminister. Heuss, der von den Amerikanern ernannt wurde, buchstabiert das so: „Ohne U.S." Er war gelernter Journalist, Schriftsteller, Maler, er war Hochschullehrer und Kunstkritiker, verheiratet mit der Straßburger Professorentochter Elly Knapp, getraut vom Urwalddoktor Albert Schweitzer.

Am 26. Januar 1954 wurde Theodor Heuss Ehrenbürger von Stuttgart. Festakt im Cannstatter Kursaal. In der Urkunde steht: „Die Stadt Stuttgart verleiht durch Beschluß ihres Gemeinderats Bundespräsident Professor Dr. Theodor Heuss, dem wackeren Schwaben, dem treuen Hüter des geistigen

Theodor Heuss

Erbes unserer Ahnen, dem mutigen Kämpfer für Demokratie in Freiheit, dem Wegbereiter eines friedlich geeinten neuen geistigen Deutschlands, aus Anlaß der Vollendung seines 70. Lebensjahres das Ehrenbürgerrecht in dankbarer Anerkennung seiner geschichtlichen Leistung für Heimat und Vaterland."

Großmutter: Der Text stammte wahrscheinlich von Arnulf Klett, wenn er auch hier nicht reimen durfte, was er sonst bei jeder Gelegenheit gern tat. Nach den Worten Kletts hatte Stuttgart in diesen schmalen Lederband der Urkunde das Schönste und Höchste hineingebunden, was eine deutsche Stadt einem deutschen Mann schenken kann, den Ausdruck herzlicher Verbundenheit und verehrender Liebe.

Es gibt eine Menge Bücher über Theodor Heuss und von Theodor Heuss. Heuss schrieb über Naumann, List, Bosch, Daimler, Schiller. Großmutter ging suchen. Sie blieb an zwei Büchern hängen: Heuss, 1933, „Von Ort zu Ort", und Heuss, 1951, „Was ist Qualität?"

In „Von Ort zu Ort" beschreibt Heuss Stuttgart: „Wenn die Hänge in Blüte stehen und nach Osten der Blick auf ein graugrünes, zartes Hügelland sich verliert, wenn das Tal noch nicht in der Hitze erstickt, dann mag ich an die Toskana denken".

Dann schrieb Heuss etwas über das Stuttgart vor 100 Jahren, das dem heutigen Stuttgart ähnelt: „Es hat eine Zeit gegeben, da sah sich diese harmonisch frohe Landschaft in ernster Gefahr; sie hat von einem betriebsamen Baueifer Wunden erhalten, die nie völlig vernarbt sind. Das war, als man in den achtziger und neunziger Jahren des letzten Jahrhunderts Zinskästen an die hügeligen Straßen baute, es gab böse Einschnitte und ärgerliche Kehrfassaden."

Was Heuss erwähnt, war das erste Wirtschaftswunder nach dem Krieg 1870/71. Die Zinskästen, die bösen Einschnitte, die ärgerlichen Kehrfassaden gab es für Großmutter auch nach dem zweiten Wirtschaftswunder, nach dem Zweiten Weltkrieg.

Heuss in „Von Ort zu Ort" über Religion: „Wahrscheinlich ist Stuttgart die Großstadt mit dem stärksten Leben protestantischer Färbung". Und über die Stuttgarter: „Es steckt viel Bauerntum im Schwaben, auch in dem, der in den Städten sitzt, und in dem anderen, der weltläufig wurde".

„Was ist Qualität?“ ist ein kleines Buch, 80 Seiten, erschienen als erweiterte Fassung einer am 10. Februar 1951 vor dem Deutschen Werkbund in Stuttgart gehaltenen Rede.

Heuss trennte so nett bei diesem Thema: „Ich hoffe, Sie haben bemerkt, daß zu Ihnen nicht der Bundespräsident gesprochen hat, der als solcher zu den Dingen keine amtliche Meinung besitzt, sondern ein Mann namens Heuss, der viele Jahre im Vorstand des Deutschen Werkbundes gesessen hat.“

Heuss lobte den Württemberger Ferdinand Steinbeis: „Den richtigen Menschen für die richtige Aufgabe zu finden und zu stützen, galt als Voraussetzung für die richtige Güter-Ökonomie. Und es ist dann weiter kein Zufall, daß hier in diesem Land von diesem Steinbeis, nachdem er Versuche in Belgien gesehen hatte, vom Staate die ersten gewerblichen Fortbildungsschulen an Stelle der sehr kleinen, zufälligen und eigentlich schüchternen Sonntagsschulen gegründet und entwickelt worden sind.“

Heuss meldete eine kleine Auseinandersetzung mit Karl Marx an: „Ich weiß nicht, ob er jemals in einer Schreinerei, oder in einer Schlosserei, oder in einer Kesselschmiede gewesen ist. Ich habe ihn nämlich leise im Verdacht, daß er nie in solch einer Werkstatt, ob groß oder klein, gewesen ist und dabei stand, wie ein handarbeitender Mensch dem Stoff Sinn, Zweck, Form abzwang und aufzwang.“

Und ganz am Ende seines Vortrags „Was ist Qualität?“ schob Heuss die Antwort nach: „Qualität ist das Anständige“.

Großmutter liebte Formeln: Einstein hatte seine Formel. Brecht hatte seine Formeln. Auch wenn er Kommunist war. Heuss hatte seine Formeln. Und er war liberal. Formeln sind die Wurzel aus Denken, Spüren und Erfahrung. Es muß dann noch nicht stimmen, aber man kann Gegenproben damit machen. Politik, Industrie, Medien: Qualität ist das Anständige. Vorgesetzte, Lehrer, Liebhaber: Qualität ist das Anständige. Renten,

Prominenz, Wahlkampf, Umweltverschmutzung: Qualität ist das Anständige. Wie man Menschen behandelt. Rechte und Pflichten. Wie man Kinder erzieht. Die Jungen mit den Alten. Die Alten mit den Jungen: Qualität ist das Anständige. Lebensqualität. Wohnqualität. Schaffen, Suchen, Finden. Die Reihenfolge der Dinge zwischen Geburt und Tod: Qualität ist das Anständige.

Auch Großmutter hatte Formeln: Alles, was wir tun, hat Folgen, und auch, was wir nicht tun; oder: Je nachdem, wem wir begegnen; oder: Du bist nicht allein, das galt als Trost oder als Vorwurf, wenn sich jemand aufspielte. „Qualität ist das Anständige“ war neu für Großmutter. Sie wußte es nun von Theodor Heuss. Er war Qualität.

Heuss in London und Weizsäcker in London

Großmutter verglich gern. Wenn Theodor Heuss Qualität war, dann war es auch Richard von Weizsäcker, der zweite Bundespräsident nach Theodor Heuss aus Stuttgart. Er kam am 15. April 1920 im Dachgeschoß des rechten Flügels des Neuen Schlosses zur Welt. Herr von Weizsäcker, wie ihn Großmutter nannte, machte 1986 einen Staatsbesuch in London. Heuss machte 1958 einen Staatsbesuch in London. Zwei Stuttgarter und die Queen.

Heuss 1958: Fünf Prozent Applaus hätten ihm gegolten, 80 Prozent der Königin, 15 Prozent den Pferden. Heuss schimpfte immer, wenn ihn jemand Papa Heuss nannte. Jetzt war Richard von Weizsäcker in London, Großmutter verfolgte es im Fernsehen, und die Londoner riefen: „Ridschard! Ridschard!“ Oder sie nannten ihn entzückt „Ritchie“.

Großmutter: Das ist Sympathie. Das kann man nicht kaufen. Qualität ist auch alles, was man nicht kaufen kann.

Einen so hochkarätigen Bundespräsidenten hatten wir, trotz Theodor Heuss, noch nie. Und so einen hochkarätigen Stuttgarter selten.

Oder wie die Times schrieb: „Weizsäcker ist genau das, was ein Staatsoberhaupt in den Augen des Volkes sein sollte, ein Idealbild dessen, was die Bürger selbst als ihre besten Qualitäten ansehen; elegant, urban, fromm und gelehrt; streng, aber gerecht." Da war es wieder: Qualität.

Theodor Heuss, 1958, schob der Queen einen Scheck unter dem Tisch zu. Großmutter: So keusch gingen wir damals noch mit Geld um. Aber es gab noch kein Farbfernsehen.

Bei Richard von Weizsäcker jauchzten die Farben auf dem Bildschirm. Pracht und Glanz der Monarchie in Großbritannien; Ankunft mit dem Jet; Salut aus dem fernen Hyde Park; mit der Eisenbahn zum Victoria-Bahnhof; in der Kutsche zum Buckingham-Palast; Bankett im Thronsaal; die königliche Familie, die ehrwürdige Königinmutter, 86, mit dem Erzbischof von Canterbury; und die junge Lady Di. Das waren Fernsehbilder für Großmutter: Stuttgart draußen.

Tageskleidung und Abendkleidung; die feinsten Schneider und Coiffeure; Roben und Schmuck der Damen; Uniformen und Orden; Gobelins und Gemälde an den Wänden; goldene Teller, goldenes Besteck, Kristallgläser; die Kellner in Rokoko-Kostümen; Rosen und Lilien; Rubine und Diamanten; Nationalhymnen und Ansprachen; Baumwollperücken, Bärenfellhelme, Dudelsackbläser.

In so eine Welt mußte man hineinpassen. Herr von Weizsäcker paßt. Er hat in Oxford studiert. Er hielt seine Reden vor dem Unterhaus und dem Oberhaus in geschliffenem Englisch. Großmutter: Und sogar die SPD hat sich dafür bedankt. Das ist Qualität.

Die Briten nannten Richard von Weizsäcker einen der weisesten Köpfe Europas und eine herausragende Führungspersönlichkeit. Die Queen: „Wir sind uns näher als je zuvor". Eine Meinungsumfrage unter den Briten: „Die Deutschen sind unsere besten Freunde".

Großmutter: Das ist Qualität. Und sie dachte: Eine Monarchie, auch bei uns wieder, oder wenigstens in Württemberg, wäre vielleicht gar nicht schlecht. Den König hätten wir. Wenn Herr von Weizsäcker in Bonn pensioniert wird.

Als Theodor Heuss in Bonn pensioniert wurde, zog er in sein Häusle im Feuerbacher Weg ein. Die Stuttgarter waren aufgescheucht und gingen huldigen. Als es Heuss zuviel wurde, trat er auf den Balkon, bedankte sich und rief: „Jetzt ganget hoim zu eure Kender!"

Gipfel in Stuttgart: vom Zar bis Mitterrand

Im Juni 1983 war Europagipfel in Stuttgart. Zehn Regierungschefs, zehn Außenminister. Großmutter ging kiebitzen. Vom Flugplatz bis zum Hauptbahnhof standen alle 50 oder 20 Meter, beiderseits der Strecke, je ein Polizist. Großmutter sah Streifenwagen, Mannschaftswagen, Kradfahrer, Polizei zu Pferd, Hubschrauber, 60 Leute vom Roten Kreuz, Notarztwagen, Kamerateams des Fernsehens und eine Menge Sprechfunkgeräte. Es war der Tag der Polizei. Großmutter: Was ist Freiheit, wenn man die Mächtigen so bewachen muß?

Vor jedem Staatsgast brauste eine Eskorte her. Sieben Motorradfahrer, das war Monsieur Mitterrand. Großmutter: Weil er ein Präsident ist. Fünf Motorradfahrer, das waren die anderen Regierungschefs. Drei Motorradfahrer für einen Außenminister.

Nachdem zwei Eskortenfahrer schon vor Tagen beim Üben in der Kurve ausrutschten, hatte Großmutter Bedenken: Wozu überhaupt noch Eskorten, wenn sowieso niemand mehr Spalier steht, außer der Polizei. Aber dann hätte Großmutter auch nicht gewußt, was sie gesehen hat. Den Siebenerkonvoi mit Monsieur Mitterrand hat sie nicht gesehen, aber „neun Fünfer und sieben Dreier." Ein Fünfer, das war auch schon was, da flog je ein Hubschrauber mit, aber wer nun wirklich im Auto saß, das konnte man kaum erkennen. Im Zweifelsfall war es jedesmal Frau Thatcher. Die meisten wollten „Maggie" sehen. Und überall seufzten die Stuttgarter „Was dees wieder koschtet".

Großmutter kannte Herrn Robert Herr, den Hotelchef vom Graf Zeppelin am Hauptbahnhof. Er stand vor dem Eingang und veranlaßte, daß der rote Teppich nach jedem eingetroffenen Staatsgast neu gekehrt wurde. Großmutter: Die Hotelpagen fegen dauernd den roten Teppich. In weißen Handschuhen. Und vis-à-vis, auf dem Dach des Hauptbahnhofs, gucken die Scharfschützen zu. Das war Kehrwoche. Mei Lieberle. So haben wir sie selten in Stuttgart.

Bundeskanzler Helmut Kohl tauchte, zum Schrecken der Polizisten, unter den Zuschauern auf, verschwand im Hotel Zeppelin und saß eine halbe Stunde später bei der Konkurrenz im Schloßgartenhotel, weil er dort gern Kaffee trinkt und Kuchen ißt, wenn er in Stuttgart ist. Großmutter: Führungskräfte sind Kuchenesser. Dafür mag Herr Kohl keinen Fisch. Und Monsieur Mitterrand keine Soßen.

Großmutter wunderte sich ein bißle: ausgerechnet der französische Präsident François Mitterrand, als Sozialist, fuhr im dicksten Mercedes, einem Mercedes 600, durch Stuttgart. Wenn, dann hätte auch der britischen Premierministerin Margaret Thatcher ein Mercedes 600 zugestanden. Großmutter: Sie ist, soviel ich weiß, eine Konservative. Das hätte die Sache wieder ausgeglichen.

Wie Großmutter nachträglich erfuhr, hatte Monsieur Mitterrand sein eigenes Auto mitgebracht und wollte es auch

Gruppenbild mit Dame oder Europagipfel 1983 in Stuttgart. Zehn Regierungschefs, zehn Außenminister.

Erste Reihe von links nach rechts die Präsidenten und Kanzler: Schlüter/Dänemark, Martens/Belgien, Werner/Luxemburg, Fitzgerald/Irland, Maggy Thatcher/Großbritannien, Kohl/Bundesrepublik, Mitterrand/Frankreich, EG-Präsident Thorn, Fanfani/Italien, Papandreou/Griechenland

benutzen, aber er mochte dann wohl nicht nein sagen, der ihm zugedachten Ehre wegen, und stieg in den Mercedes 600.

Großmutter ist fasziniert von Staatsbesuchen, nicht wegen der Oberhäupter, „die sind auswechselbar", sondern wegen der Zeremonien und der vielen nachgeordneten Figuren. Großmutter verglich das: Wir hatten schon mal einen Gipfel in Stuttgart. Im Herbst 1857. Zar Alexander traf sich mit Kaiser Napoleon III. Es ging um eine Vereinbarung, die stehenden Heere zu vermindern. Es war also eine Abrüstungskonferenz. Stehende Heere waren damals, was heute Raketen sind.

Sie kamen mit großem Gefolge. Zar Alexander wohnte in der Villa Berg. Kaiser Napoleon III. wohnte im Neuen Schloß. Und es gab auch damals schon eine Art Kamingespräche, in der Sommerresidenz des württembergischen Königs Wilhelm I., in seinem verschwiegenen Schlößle Wilhelma.

Huldigen ließ man sich auf dem Cannstatter Volksfest: „Langsam im Schritt ritten die Majestäten durch die unübersehbare Menge, gefolgt von den Prinzen, den vielen Generalen, Diplomaten und Offizieren in den mannigfaltigsten Uniformen. Insgesamt etwa 200 Reiter, aus denen hauptsächlich die französischen und russischen reich dekorierten Herren hervorragten. Auf diese folgten die Kaiserin von Rußland, die Königin von Holland und die Königin von Griechenland, nebst einem ähnlichen Hofstaat, in einer langen Reihe von Hofwagen."

Aus halb Europa waren Berichterstatter angereist: „Möge dieses Kaisertreffen bewirken, daß sich darin das Heil Europas begründe." Und die Stuttgarter setzten dazu: „Möge dieses Denkmal, das sich unser König erworben hat, die Jubiläumssäule auf dem Schloßplatz überdauern." Großmutter: So lesen sich Wünsche später.

Großmutter wußte auch: Wir hatten schon mal einen Gegengipfel, den Internationalen Sozialistenkongreß, im Sommer 1907, vom König ausdrücklich erlaubt. Für die

Bolschewiki war Lenin dabei. Lenin war zufrieden: Alle fünf Erdteile hätten insgesamt 886 Delegierte nach Stuttgart entsandt. Es sei eine grandiose Demonstration der internationalen Einheit des proletarischen Kampfes gewesen. Auf dem Cannstatter Wasen sprachen 18 Redner, je drei nacheinander, von sechs Rednerpulten gleichzeitig, zu 30 000 Zuhörern. Die Franzosen feierten Schiller als Ehrenbürger der Französischen Revolution. Großmutter: Gegipfelet hat es bei uns immer.

Stuttgart sollte Bundeshauptstadt werden

Als Theodor Heuss 1949 Bundespräsident wurde, regte er an, Stuttgart solle Bundeshauptstadt werden. Oberbürgermeister Arnulf Klett war angenehm erschrocken: Stuttgart habe zwar kein Geld, andererseits könne man sich einem solchen Ruf nur schwer entziehen. Stuttgart sei auch nur dann bereit, wenn andere Städte absolut nicht wollten, aber wenn überhaupt eine Stadt, dann sowieso nur Stuttgart.

Die CDU war auch dafür: „würden 80 bis 100 Millionen Mark nach Stuttgart fließen, zu denen jährlich 30 bis 40 Millionen Mark Gehälter kämen". Klett (parteilos) schob nach: „Es würde die Stadt in die Lage versetzen, mit der ihr eigenen Art, ihrem Tempo und der schwäbischen Energie den Wiederaufbau rascher voranzubringen."

Ministerpräsident Reinhold Maier (FDP) war dagegen: „Ich persönlich würde die Stuttgarter bedauern". Klett über Maier: „Das treibt einem die Schamröte ins Gesicht". Die Gewerkschaften waren auch dagegen: „Erst wieder Wohnraum und Gemeinschaftseinrichtungen". Die Stuttgarter waren auch dagegen: „Mir brauchet koi neue Regierung in Stuttgart. Mir hent scho eine". Großmutter: Die Bewohner von Sillenbuch, Sonnenberg, Degerloch und vom Killesberg bangten um ihre Häusle. Damit war das Thema erledigt.

Epilog

Leben lernen und sterben müssen, meinte Großmutter, wer hat sich das für uns ausgedacht? Es paßt doch überhaupt nicht zusammen. Oder doch. Wir sollten uns so mit Leben füllen, daß der Tod nicht wehtut. Dann wären wir reich gewesen. So hat sie gelebt. So hat sie ihre Geschichten gesammelt.

Sie lernte noch einen Rabbi aus New York kennen, Dr. Hermann Dicker, 75, der zu einem Versöhnungsbesuch nach Stuttgart kam, wo er als Bub zur Schule ging. Jetzt saß er auf dem Schloßplatz, streckte das Gesicht in die Sonne, und sagte: „Ich sitze gern in der Sonne." Großmutter setzte sich dazu.

Die ersten Juden, die zu einem Versöhnungsbesuch nach Stuttgart kamen, erfanden den Satz: „Wir haben die Häuser gestreichelt." Und es gibt einen anderen Satz: „Mein Deutschland ist untergegangen." Einen Satz derer, die nicht mehr kommen wollen.

Hermann Dicker streckte das Gesicht in die Sonne: „Es ist ein Unglück, daß wir uns einteilen nach Nationalitäten, nach Bürgerrechten, Rasse und Religion. Schon Sokrates hat den Menschen mit der Kerze gesucht." Und Großmutter dachte, vielleicht wäre sie auch jemand von denen, die nicht wiederkommen möchten. Wenn sie es so, wie Hermann Dicker, erlebt hätte. Wenn du die Häuser noch streicheln kannst, streichle sie für mich mit.

Großmutter ging mit dem Schriftsteller Hermann Lenz spazieren. Er lebt in München. Nicht mehr in Stuttgart. Er schrieb, 23 Jahre alt, seine ersten Gedichte: „Ich möchte eine Wiese haben, mit lauter gelben Dolden drauf" und „In ein gerolltes Weinblatt möcht ich kriechen." Lenz heute über ehrliches Schreiben: „Einritzen in Papier, was dir wert ist; alles sehen, alles hören, alles riechen, alles spüren; sich durchlässig machen für andere; vor deiner Haut beginnt die Fremde, du hast nur ein Haus in dir selbst, alles andere verändert sich."

Großmutter ging mit dem Schriftsteller Otto Borst spazieren, der an einem Buch über historische Schwäbinnen schrieb. Horst erklärte ihr die Schwaben: „Wir machen es nicht in Pose und Aufgebrachtheit. Wir sind sparsam auch in Ehrfurcht und Begeisterung." Und daß Schillers platonische Liebe Laura alles andere als platonisch war, sie sei ein pfupferiges Weib gewesen.

Großmutter ging nochmal zum Serenadenkonzert im Maurischen Garten der Wilhelma. Dort sitzt man zur Dämmerstunde um den Seerosenteich und hört Musik, während es dunkel wird. Großmutter ging nochmal ins Ballett. Es wurde „Giselle" gegeben. Ballett war für Großmutter: Auf Blumen schreiten, ohne die Stengel niederzudrücken.

Großmutter war nochmal auf dem Ernteball im Schloß Hohenheim und auf dem Opernball in der Alten Oper. Sie tanzte längst nicht mehr, aber sie hatte Freunde, die wußten, daß das ihre beiden Lieblingsbälle waren. Sie ließ sich mitnehmen. Sie wollte nur kiebitzen. Und wenn sie müde wurde, fuhr sie mit dem Taxi nach Hause. Sie wurde aber nicht müde.

Bälle in solcher Umgebung erinnerte sie an die Russen, wenn in Moskau und Petersburg die Drinnenfeste begannen. Großmutter hat das nie erlebt, aber viel darüber gelesen. Es war für sie Figurentheater. Und sie wußte: Nicht der Herr nimmt die Dame mit zum Ball, sondern die Dame nimmt den Herrn mit zum Ball. Und die Damen spielen das Spiel.

Der Opernball, im Januar, ist eine schwäbische Walpurgisnacht. Draußen schneit es meist. Drinnen hängt alles voller Frühlingszweige. 3000 Gäste geben hier in einer Nacht soviel Geld aus, wie ganz Stuttgart für ein Silvesterfeuerwerk. Es ist

Das Friedrichsbad in Baden-Baden,
ein irisch-römisches Dampfbad, 100 Jahre alt.
Es war Großmutters heimliche Schönheitsfarm
einmal im Jahr, wenn sie Geburtstag hatte

ein Wuselfest in einem Bienenkorb. Großmutter wußte beim Opernball immer nur, daß sie nie wußte, wo sie war. Weil der Bienenkorb keine Fenster hat.

Sie ahnte auch, daß das keine Geschichten mehr waren, oder nur noch Geschichten für sie selber. Und immer, wenn Großmutter Geburtstag hatte, war sie wieder verschwunden. Niemand wußte, wo sie war. Und alle wußten es: In ihrem Friedrichsbad in Baden-Baden. Es ist ein irisch-römisches Dampfbad, hundert Jahre alt, alles aus Marmor, mit einer Rosettenkuppel wie über der Grabkapelle auf dem Württemberg. Bloß, so Großmutter, auf dem Württemberg kann man nicht baden. Alles machen sie in Stuttgart falsch.

Es war Großmutters Schönheitsfarm: 15 Gänge, Duschen, Warmluft, Heißluft, Seifenbürstenmassage, dreimal Thermaldampfbad, dreimal Sprudelbad, weiße Laken, warme Tücher, eine halbe Stunde im Ruheraum, die Betten so weich wie im Paradies. Dann sagte sie Rilke in sich auf: Nicht immer Soldat sein. Einmal die Locken offen tragen und den weiten offenen Kragen und in seidenen Sesseln sitzen und bis in die Fingerspitzen so: nach dem Bad sein. Und dann ging sie im „Löwenbräu" essen. Ganz in der Nähe. Den Tip hatte sie von einem Professor Doktor Doktor aus Stuttgart. Weißwürste. Und danach rote Grütze.

Großmutter wurde 69. Sie verschob alles auf ihren 70. Geburtstag. Acht Wochen vor ihrem 70. Geburtstag war sie tot.

Bildnachweis

BKV Baden-Baden/Schäffer: 234
Siegfried Bassler: 139
Susanne Bayer-Ulrici (Foto H. E. Haßfurter): 209
Bosch-Archiv: 98, 102
Willi Burkhardt: 29, 30/31
Daimler-Benz-Archiv: 88, 95 (2), 97, 158/159
Deutsche Verlagsanstalt: 166, 179
Universitätsarchiv Hohenheim: 199
Burkhard Hüdig: 228/229
Heinkel-Archiv: 105
Ingrid Höfer, „Die Oma aus Stuttgart", Marionette von Fritz-Herbert Bross, aus der Vorstellung von „Gustaf und sein Ensemble": Albrecht Roser, Stgt.: Schutzumschlag, 2
Hannes Kilian: 207
Museum der Stadt Kirchheim/T.: 161
Kraufmann + Kraufmann: 24, 48, 63, 148 (2), 169 171, 218
Landesbildstelle Württemberg: Schutzumschlag, Einband, Vorsatz, 12/13, 20/21, 33, 36/37, 40, 43, 57, 60, 62 (2), 65 (2), 68, 91, 92, 113, 115, 116, 126, 132, 142 (2), 155, 181, 192/193, 221
Stadtarchiv Stuttgart: 11, 51, 54, 75, 79, 80, 82/83, 108, 135, 145, 153, 172, 176, 187, 190, 203, 215

DRW-Bildbände und Sachbücher

Landeskunde – Schwäbisches

Stuttgart - Bilder einer Stadt
Fotos Peter Horlacher, Text Rüdiger Zuck. 2. Auflage, 180 S. mit über 170 Farbfotos, Format 24 x 26 cm, Kunstleinen. Bilder von Stuttgart, die selbst den Alteingesessenen neue und reizvolle Eindrücke vermitteln.

Ein Mann namens Ulrich -
Württembergs verehrter und gehaßter Herzog in seiner Zeit. Von Werner Frasch. 300 S. mit 60 Abb. zum Teil in Farbe, Format 14,5 x 21 cm, Kunstleinen. Ein historisches Zeitgemälde, das über die württembergischen Grenzen hinaus den Aufbruch in ein neues Zeitalter dokumentiert.

Schwäbische Tüftler und Erfinder
Von Jörg Baldenhofer. 174 S. mit über 150 meist vierfarbigen Abb., Format 24 x 26 cm, Kunstleinen. Die Welt der frühen Technik im Querschnitt schwäbischer Lebensbilder.

Vergessene Burgen der Schwäbischen Alb
Von Christoph Bizer und Rolf Götz. 135 S. mit 91 Farbfotos, 10 Rekonstruktionszeichnungen Format 24 x 26 cm, gebunden. Die Entdeckungsreise zu den schönsten Plätzen der Schwäbischen Alb und ihrer vergessenen Burgen.

Burgen und Schlösser in Hohenlohe
Von Wilhelm Gradmann. 167 S. mit 84 meist farbigen Fotos, Format 24 x 26 cm, Kunstleinen. 37 Burgen, Schlösser und Ruinen - ihr Ursprung, ihre Bewohner und ihre Geschichte.

Burgen und Schlösser der Schwäbischen Alb
Von Wilhelm Gradmann. 158 S. mit 44 Farbfotos und 32 Veduten, Format 24 x 26 cm, Kunstleinen. Die Schwäbische Alb ist reich an Burgen, Ruinen und Schlössern. 32 davon werden vorgestellt.

Schwäbische Alb
Fotos Peter Horlacher, Text Rüdiger Zuck. 166 S. mit 200 Farbfotos, Text deutsch/englisch/französisch, Format 30 x 24,5 cm, Leinen. Eine der schönsten Landschaften meisterhaft ins Bild gesetzt.

Schwarzwaldleben anno dazumal
Von Bernhard Oeschger und Edmund Weeger. 200 S. mit 140 historischen Fotos, Format 20 x 24 cm, gebunden. Ein historischer Bilderbogen des 19. und frühen 20. Jahrhunderts.

Schwaben - Land der Dichter
Von Werner Waldmann. 140 S. mit 130 Farbbildern und vielen historischen Darstellungen, Format 24 x 26 cm, Kunstleinen. Ein unterhaltsamer Aus flug in die Geschichte Württembergs und seiner Dichter.

Romantische Städte in Baden-Württemberg
Von Werner Waldmann und Rainer Zerbst. 128 S. mit 150 farbigen Abb., Format 24 x 26 cm, gebunden. Zehn abwechslungsreiche, romantische Stadtporträts in Wort und Bild.

Baden-Württemberg
Traditionsbewußt - Zukunftsorientiert. Text Eva Walter, Fotos Thomas Pfündel. 160 S. mit 184 Farbfotos, Format 25 x 28 cm, gebunden. Der repräsentative Geschenkband zeigt unser Land von seiner interessantesten und zugleich schönsten Seite.

Streifzüge durch den Schwäbisch-Fränkischen Wald
Text Eva Walter, Fotos Thomas Pfündel. 118 S. mit 106 Farbfotos, Format 24 x 26 cm, gebunden. Der Zauber dieser Landschaft mit seinen Kulturgütern und Kunstschätzen sind in stimmungsvollen Fotografien eingefangen und geschildert.

Streifzüge im Donautal
Text Eva Walter, Fotos Thomas Pfündel. 128 S. mit 118 farbigen Abb., Format 24 x 26 cm, gebunden. Das schöne Donautal mit seinen Burgen, Ruinen und Sagen, mit seinen Schlössern und Klöstern, romantischen Städten und landschaftlichen Sehenswürdigkeiten lebendig und unterhaltsam porträtiert.

DRW-Verlag Stuttgart